Spargel DER ZARTE GENUSS

SPARGEL

Der zarte Genuss

FONA

Zweite Auflage 2008

Verantwortlich für das Lektorat: Léonie Haefeli-Schmid
Einführung: Edith Beckmann, Frauenfeld
Gestaltung Umschlag: Dora Eichenberger-Hirter, Birrwil
Gestaltung Inhalt: Monika Baumgartner, Zürich
Foodbilder: Jules Moser, Bern
Weitere Foodbilder: *Seite 41*: Yvo Kuthan, Zürich;
Seiten 45, 48, 55, 58, 79, 81, 83, 85, 87: Evelyn und Hans-Peter König, Zürich
Rezept und Foodkochen *Seite 79*: Frédéric Kondratowicz, Granges-Paccot
Bilder Einführungsteil: Jules Moser, Bern
Weitere Bilder: *Seiten 17, 20, 21*: Europäisches Spargelmuseum,
Schrobenhausen (D); *Seite 23*: Bruno Vonarburg, Teufen;
Seite 36: getty images, München; *Seite 37*: Dietz-Fotografen, Merlischachen
Lithos: Neue Schwitter AG, Allschwil
Druck und Bindung: Druckerei Uhl, Radolfzell

ISBN 978-3-03780-192-5

EINFÜHRUNG

SAUCEN

SUPPEN

VORSPEISEN – SALATE

VEGETARISCHE MAHLZEITEN

MAHLZEITEN MIT FLEISCH ODER FISCH

ANHANG

ABKÜRZUNGEN

EL	gestrichener Esslöffel
TL	gestrichener Teelöffel
dl	Deziliter
ml	Milliliter
Msp	Messerspitze

Die Rezepte sind, wo nicht anders vermerkt, für 4 Personen berechnet.

Die Grünen auf dem Vormarsch

Dank der großen Nachfrage und dem wesentlich einfacheren Anbau ist der Grünspargel auf dem Vormarsch und wird für Feinschmeckers Bleichspargel zur ernsthaften Konkurrenz. Doch, was sich auf dem Teller – hauptsächlich aber im Gaumen – so deutlich unterscheidet, ist ein und dasselbe Gemüse.

Der grüne Spargel sprießt kraftvoll der Sonne entgegen, die ihn mit Chlorophyll anreichert, das ihm die kräftige grüne Farbe gibt. Die weiße Delikatesse hingegen ist ein Gemüse aus dem Untergrund. Damit die Stange von Tellerrand zu Tellerrand reicht, wird ihr Weg zum Licht durch einen nahezu halben Meter hohen Erdwall erschwert. Feine Haarrisse im Boden verraten ihren Durchbruch – und dann ist Erntezeit.

EINFÜHRUNG

SPARGEL SEIT DER ANTIKE

Im nördlichen Europa ist der Grünspargel erst seit wenigen Jahrzehnten populär. Auf der Suche nach alternativen Kulturen in der von Umstrukturierungen arg gebeutelten Landwirtschaft erfährt er eine Renaissance. Seine Vorfahren wachsen wild in Vorderasien und sind spätestens seit der Antike bekannt. Der griechische Arzt Hippokrates (460–377 v. Chr.), Begründer der klassischen Medizin, bezeichnete den Spargel erstmals als Heilpflanze, die bei «roter Ruhr und Harnwinden» Linderung bringe.

Die alten Griechen schätzten die botanischen und pharmakologischen Vorzüge des Spargels und nannten ihn «Aspáragos», Synonym für «junger Trieb». Er war ein heiliges Kranzgewächs, welches der Liebesgöttin Aphrodite geweiht wurde. Seinen erotischen, aphrodisischen Ruf ist das Gemüse bis heute nicht losgeworden.

Die lebenslustigen Römer schätzten ihren «Asparagus» als «Gewächs für Genuss und Liebeskraft». Marcus Portius Cato (234–149 v. Chr.), ein Schriftsteller für Ackerbau, gab in seinem Werk «De rustica» genaue Anleitungen, wie der Spargel zu pflanzen sei und nannte ihn eine «Schmeichelei des Gaumens». Die Römer bevorzugten Spargel als Vorspeise, allem Anschein sogar zu Fisch. Die älteste Abbildung eines Spargelbündels, ein Wandgemälde in Pompeji, vereint jedenfalls Fisch und Meeresfrüchte; es entstand zehn Jahre vor Christi Geburt.

ZELEBRIERTE TAFELFREUDEN

Abbildung links
Spargelheber aus Silber
(um 1900)

Abbildung unten
Fingerzangen aus Silber
(ca. 1910)

Die beiden Utensilien stammen aus der Sammlung des Europäischen Spargelmuseums in Schrobenhausen, mehr auf Seite 21

Der Spargel wurde erst in Lustgärten und Parkanlagen auf Landsitzen angebaut. Im 19. Jh. kamen dank der Industrialisierung die Bürgerlichen zu Wohlstand – und damit auch zum Spargel. Auf kleinen Parzellen kultivierte die Landbevölkerung Gemüse, u. a. den Grünspargel, der in den aufstrebenden Städten zum Kauf angeboten wurde. Die Fayence-Manufaktur in Rouen (F) stellte Servierplatten mit Löchern her, damit der Spargelsud abtropfen konnte. Es folgten Spargelliegen aus Steingut, Porzellan und Silber mit Abtropflöchern oder Einlegegittern. Zur Spargeltafel gehörten auserlesenes Geschirr mit plastisch aufgelegten Sprossen oder farbig gemalten Beeren und Spargelzweigen und kunstvoll verzierte Zangen. Weil die Legierungen des Bestecks den Geschmack des Spargels negativ verändern, durfte er auch von Hand gegessen werden; wer aber etwas auf sich hielt, verwendete von Künstlerhand hergestellte Fingerzangen. In Musterbüchern von französischen und deutschen Silberwarenfabriken finden sich Fingerzangen, die in reizvoller Jugendstil-Ornamentik gearbeitet sind.

KARRIERE ALS HEILPFLANZE

WILD- ODER WALDSPARGEL

Er ist im feuchten Unterholz im Osten von Frankreich beheimatet und zählt botanisch zu den Milchsterngewächsen (Ornithogalum). Wildspargel wird heute nebst Frankreich auch in Italien kultiviert. Er ist rar und nur im Mai und Juni in Feinkostläden oder beim Gemüsehändler erhältlich. Er wird wie Grünspargel zubereitet, hat aber ein leicht bitteres Aroma.

Das botanische Anhängsel «officinalis» (arzneilich) verdeutlicht: der Spargel ist als Heilpflanze anerkannt, und dies seit dem 15. Jahrhundert. Zu seiner damaligen Verbreitung beigetragen hat Johannes Gutenberg (1397–1467), Erfinder der Buchdruckerkunst. Dank seinem Pioniergeist war es möglich, die akribisch nachgezeichneten und handkolorierten Darstellungen von Pflanzen in verschiedenen Entwicklungsstadien unter das gebildete Volk zu bringen.

Den Autoren, vorwiegend Ärzten und Apothekern, waren die Inhaltsstoffe der Spargelpflanze aus den Schriften der Antike bekannt. Sie stellten Rezepturen mit Wurzeln, Sprossen und Samen her. Die Mixturen wurden gekocht, getrocknet oder pulverisiert eingenommen, so bei Milz- und Leberbeschwerden, Steinleiden, Rheuma, Gicht, Gelbsucht, Ruhr, Hämorrhoiden oder Lungenleiden. Hervorgehoben haben die Gelehrten die blutreinigende und harntreibende Wirkung des Safts aus gepresstem Spargel.

Das erste gedruckte Kräuterbuch in lateinischer Sprache erschien 1484 bei Peter Schöffer in Mainz, der selber bereits ein Jahr später eines in deutscher Sprache veröffentlichte. 1491 ließ Jacob Meydenbach ein weiteres großes Pflanzenbuch drucken. In allen 3 Werken sind auch die Wirkstoffe des Spargels beschrieben. Im «Europäischen Spargelmuseum» im deutschen Schrobenhausen, zwischen Augsburg und Ingolstadt gelegen, ist die Spargeldarstellung von Schöffer in einem Nachdruck von 1485 zu sehen. Ebenso ein Originalblatt von 1560, welches aus dem Kräuterbuch von Hieronymus Bock stammt. Ihm ist Spargel «ein lieblich speis für die leckmeüler».

Sonja McBesch «Frühling», Öl auf Hartfaser, 1984 (aus der Sammlung des europäischen Spargelmuseums, Schrobenhausen)

SPARGEL – GANZ ORDINÄR MIT BUTTER

«Man nimmt etwa gleich langen, schönen Spargel, putzt ihn und schneidet das Untere, so weit es holzig ist, ab, bindet vier gleiche Büschel und gibt sie in eine Casserolle oder in eine kupferne Pfanne (man kann sie auch in einem Topfe kochen); man gibt nur die Stängel zum Boden und die Köpfe in die Höhe; gibt siedendes Wasser darauf, salzet es gut, und lässt ihn darin weich kochen. Man probiert es nur, bis man die Köpfe zerdrücken kann, dann seihet man das Wasser davon ab, gibt den Spargel büschelweise übers Kreuz auf die Schüssel, so, dass die Köpfe in der Mitte zusammen kommen, thut die Bindfäden herunter, streut geschwinde, da er noch heiß ist, eine Hand voll feine Semmelbröseln darauf, gießt auf eine große Schüssel voll ein Viertelpfund heiße Butter darüber und gibt ihn sogleich zur Tafel. Auch ist zu bemerken, dass Spargel in keinem eisernen Geschirre gekocht werden darf, sonst wird er schwarz, da er doch am schönsten ist, wenn er grün bleibt.»

Quelle: Anna Maria Neudecker, Die Bayerische Köchin in Böhmen, Ausgabe 1865

Von der Medizin ZUM LUXUSGEMÜSE

Gegen Ende des 18. Jahrhunderts wandelte sich der Spargel von der Heilpflanze zum Luxusgemüse. Leisten konnten sich diese Delikatesse Könige sowie der gut betuchte Landadel. Dies nicht nur, weil der Spargel kostbar war, sondern auch, weil er mit seinen wenigen Kalorien das sehr hart arbeitende Volk nicht wirklich sättigen konnte.

In der «Hausväterliteratur» über die «Ökonomie der ländlichen und häuslichen Wirtschaft» haben verschiedene deutsche Autoren über Züchtung, Pflanzung und Pflege von Spargel geschrieben. Sie setzten sich mit Standort, Bodenbeschaffenheit und Düngung auseinander. Christoph Friedlich Seidel veröffentlichte im Jahre 1782 eine «Kurze Anweisung, den Spargel mit wenigen Kosten und zugleich vorzüglich schön zu bauen». Er gibt detaillierte Anleitungen, von der Samenzucht über die Anlegung der Beete bis zu den «schädlichen Thieren und deren Vertilgung».

DAS EUROPÄISCHE SPARGELMUSEUM

Im idyllischen Städtchen Schrobenhausen, am Weg von Ingolstadt nach Augsburg, befindet sich das einzigartige Europäische Spargelmuseum.

Öffnungszeiten
Während der Spargelsaison: 15. April bis 30. Juni täglich von 10 bis 18 Uhr; 1. Juli bis 30. September Dienstag bis Sonntag von 14 bis 16 Uhr; vom 1. Oktober bis 14. April jeweils Mittwoch, Samstag und Sonntag von 14 bis 16 Uhr

Mehr als 1000 Exponate aus über 30 Staaten sind auf drei Stockwerken im geschmackvoll renovierten Gemäuer des sogenannten «Amtsturms» ausgestellt. Er ist Teil der Stadtmauer, welche im 15. Jahrhundert gebaut wurde. Im Erdgeschoss befinden sich die Themen Geschichte, europäischer Spargelmarkt, Botanik, Anbau und Ernte der Delikatesse. Die Glasfront schafft die Verbindung zum Außenbereich mit drei lebensgroßen Stahlpferden und gibt den Blick frei auf die Stadtmauer und den Spargellehrgarten. Im ersten Stock ist Besteck und Geschirr rund um den Spargelgenuss zu bestaunen, so Meißener Porzellan, Fayencen sowie die silberne Spargelzange von Fabergé um 1890. Im zweiten Stock präsentiert sich der Spargel in der Kunst: Seit dem 17. Jahrhundert hat das Gemüse seinen festen Platz in der Malerei des Stilllebens. Im 19. und 20. Jahrhundert wird der Spargel eher in satirischer, humoristischer oder abstrakter Weise «aufgetischt».

DURCHBRUCH DES BLEICHSPARGELS

Bis zum Ende des 18. Jahrhunderts kannte man ausschließlich Grünspargel, der 10 bis 20 cm hoch oberirdisch wuchs. Dank der Lichteinwirkung bekommen die Sprossen eine frische grüne Farbe. Der in der Erde liegende Teil ist hellgrün bis weiß.

Diese Erkenntnis nutzten holländische Bauern Mitte des 19. Jahrhunderts: Sie stülpten Röhren und Glocken aus Glas, Holz oder Ton über den wachsenden Spross und verhinderten so jeglichen Lichteinfluss. Der Spargel blieb nicht nur weiß, er hatte auch ein anderes Aroma.

Bleichspargel fand bei den Gourmets großen Anklang, was zu verfeinerten Kulturmethoden und auch zur Auslese der besten Gewächse führte. Das arbeitsintensive Schützen der einzelnen Spargelpflanze wurde schon bald rationalisiert. Mit aufgeschütteten Erddämmen, Bifängen, konnte viel Zeit bei gleichem Resultat gespart werden.

Im Jahre 1868 haben innovative Franzosen in Argenteuil bei Paris rund 500 Hektaren öden Sandboden mit Bleichspargel bepflanzt. Sie entdeckten als erste, dass der Wurzelstock extrem viel Platz benötigt und dass ein relativ weiter Pflanzabstand die Qualität des Spargels wesentlich beeinflusst. Frankreich war während vielen Jahre beste Adresse für Spitzenprodukte. Inzwischen haben aber die Franzosen leider ein ernsthaftes Problem mit der Bodenmüdigkeit. Die Ertragsmengen gehen seit fast zwei Jahrzehnten stark zurück. Neue geeignete Anbauflächen sind rar, obwohl sogar mit der Rodung von Rebstöcken für Spargelkulturen begonnen wurde.

BOTANIK

Artenreicher Spargel

Weltweit gibt es rund 300 Spargelgewächse der Gattung Asparagus. Ungefähr 100 sind in den an das Mittelmeer grenzenden Ländern verbreitet, die übrigen vornehmlich in Asien und in außertropischen warmen Gebieten.

Vom Liliengewächs zum Spargelgewächs

Asparagus officinalis L. heißt die in Europa gebräuchliche Kulturart. Der Spargel zählt in den traditionellen Systemen zur Familie der Liliengewächse (Liliaceae). Neuere wissenschaftliche Kriterien ordnen ihn der Familie der Spargelgewächse (Asparagaceae) zu.

Zweihäusiger Spargel

Der Spargel ist entweder männlich oder weiblich (trägt Beeren). Die männlichen Blüten werden 6 bis 8 mm lang, sie sind hellgelb, schlank und länglich. Die weiblichen Blüten werden 3 bis 4 mm lang, sie sind blassgelb und weniger schlank. Die winzigen hellgelben Glockenblumen befinden sich an den kleinen Seitenästen, die mit fein gefiederten Blättchen besetzt sind. Für die Befruchtung sorgen die Bienen. Aus weiblichen Blüten entwickeln sich grüne Beeren in der Größe eines Pfefferkorns, welche sich im Herbst rot verfärben.

Trockener Standort und durchlässiger Boden

Die meisten Spargelarten haben mit trockenen Standorten kein Problem. Die Nadeln, sogenannte Scheinblätter, haben zwar weitgehend die Funktion von Blättern, die Oberfläche ist jedoch kleiner und verdunstungsärmer. Ein wasserdurchlässiger, sandiger Boden erwärmt sich im Frühjahr rascher, was wiederum für einen frühen Erntebeginn sehr von Vorteil ist.

Überwinterung im Freien

Stängel, Ästchen, Scheinblätter und Blätter verfärben sich im Herbst bräunlich. Das bis ein Meter hohe Kraut wird jeweils im Spätherbst abgeschnitten und verbrannt, um der Übertragung von Krankheiten wie Spargelrost und Wurzelfäule oder Schädlingen wie Spargelfliege, Spargelhähnchen oder Spargelkäfer vorzubeugen.
An der Oberseite des Wurzelstockes sind bereits im Herbst Knospen sichtbar, aus denen dann im Frühjahr die Spargelstangen sprießen.

PFLEGELEICHTER GRÜNSPARGEL

Aus den im Oktober/November geernteten roten Beeren werden die Samen für die Aufzucht der Spargelpflanzen gewonnen. Im zweiten Jahr setzt man die Pflanzen an ihren definitiven Standort. Ein späteres Umpflanzen ist wegen ihrer langen Wurzeln schwierig. Einjährige Jungpflanzen (Wurzelstöcke) sind im Gartenfachhandel erhältlich.

Die seesternähnlichen Wurzeln werden von April bis Mitte Mai strahlenförmig in einen 10 bis 15 Zentimeter tiefen Graben gelegt. Der Abstand von Pflanze zu Pflanze beträgt 30 cm, von Reihe zu Reihe etwa 1,2 m.

Die Ernte setzt im 3. Vegetationsjahr ein. Geernet wird einmal täglich. Die 20 bis 25 cm langen grünen Stangen werden mit dem Messer direkt über dem Boden abgeschnitten oder abgebrochen. Für einen rationellen Schnitt verwenden die Großproduzenten heute auch Maschinen.

Spätestens Ende Juni (Johannistag) ist Schluss mit der Ernte. Nun können die Sprosse ins Kraut schießen. Das weit verzweigte, gefiederte Blattwerk bildet nun Reservestoffe, die im Wurzelstock gespeichert werden und für Kraft im nächsten Vegetationsjahr sorgen. Das Kraut verfärbt sich im Herbst gelb. Um den gefürchteten Spargelkrankheiten vorzubeugen, wird es abgeschnitten und verbrannt. Nebst dem Grünspargel gibt es auch violett-grünen Spargel.

Beim Ausbrechen des Spargels aus der schützenden und lichtabweisenden Erdkruste bildet sich sehr schnell, bedingt durch den Prozess der Photosynthese, Chlorophyll. Durch den Einfluss der Sonne verfärbt sich der aus der Erde ragende Teil rasch zum unverkennbaren satten «Spargelgrün».

Der Grünspargel wird einmal täglich, vorzugsweise am Morgen, geernet. Die Spargelstangen werden dicht über der Erde abgeschnitten oder abgebrochen.

ARBEITSINTENSIVER WEISSSPARGEL

Für das Pflanzen der Wurzelstöcke muss die Erde etwa 50 cm breit und 30 cm tief ausgehoben werden. Die Wurzelstöcke werden strahlenförmig auf die mit Stallmist und Kompost angereicherte Grabensohle gelegt. Die Knospen müssen alle in die gleiche Richtung zeigen, weil sonst die Spargelstangen an der weniger tiefen Außenkante des Beetes zu früh stoßen und bei der Ernte viel zu kurz sind. Der Abstand zwischen den Wurzelstöcken beträgt 40 cm, derjenige von Reihe zu Reihe 1,6 m. Die Wurzelstöcke werden mit 15 cm oder mehr Erde bedeckt.

Im 2. Vegetationsjahr werden die Gräben im Laufe des Sommers mit sandiger, aber trotzdem nährstoffreicher Erde aufgefüllt. Im 3. Jahr wird ein Erdwall von 70 bis 80 cm Breite und mindestens 30 cm Höhe aufgeschüttet. Seiten- und Deckenflächen werden verfestigt und geglättet, damit später beim Sprießen des Spargels die feinen Risse in der Erde gut sichtbar sind.

Um die Pflanze nicht zu stark zu strapazieren, dauert die Ernte im 3. Vegetationsjahr 3, maximal 4 Wochen. Erst im darauf folgenden Jahr kann mit einem vollen Ertrag gerechnet werden. Die Beete werden jeweils morgens und abends auf Erdrisse kontrolliert. Das braucht einiges an Erfahrung und ein geübtes Auge, denn sobald das Köpfchen die Erde durchstößt, verfärbt es sich grün. Der Spross wird mit der Hand freigelegt und mit einem speziellen, langen Spargelmesser gestochen. Die Stelle wird gleich wieder mit Erde zugedeckt und angeklopft, damit das Aufbrechen nachfolgender Stangen sichtbar bleibt.

Die Stangen sind zu stechen, wenn sich der Spargeldamm etwas anhebt und sich die typischen kleinen Risse gebildet haben. Deshalb werden die Beete jeweils morgens und abends auf diese Erdrisse kontrolliert. Der Spross wird mit der Hand freigelegt und mit einem speziellen, langen Spargelmesser gestochen. Die Stelle wird gleich wieder mit Erde zugedeckt und angeklopft, damit das Aufbrechen nachfolgender Stangen sichtbar bleibt.

WERKZEUG DES ERNTEHELFERS

Für die Spargelernte werden als Erntegeräte benötigt: ein gebogenes Messer (Spargelmesser oder Stecheisen), eine Art Maurerkelle (Spargelkelle), zusätzlich Handschuhe und ein Korb für den gestochenen Spargel.

Nach der Ernte wird der Spargel rasch verarbeitet, damit er ja nichts an Frische einbüßt. Die delikaten Sprossen werden gewaschen und nach bestimmten Qualitätskriterien sortiert, anschließend auf die genormte Länge gekürzt, für den Offenverkauf lose in Gebinde gelegt oder gebündelt und oftmals mit Papier umwickelt.

Vom PRODUZENTEN zum KONSUMENTEN

EINKAUFSTIPPS

Frische

Je frischer, desto besser, lautet die Devise. So sollten die Köpfchen fest und geschlossen sein. Beim Bleichspargel sind sie je nach Sorte und Erntestadium weiß, grünlich oder leicht violett.

Qualitätsprüfung

Beim Einkauf ist es durchaus erlaubt, die Qualität zu prüfen und bei gebündeltem Spargel die Verpackung zu öffnen. Die Stangen müssen fest und knackig sein, die Schnittstellen nicht ausgetrocknet. Bei rissiger oder brauner Schnittstelle ist der Spargel nicht mehr frisch. Frischetest: Schnittstelle mit dem Fingernagel einritzen. Der austretende Saft soll angenehm aromatisch duften. Bei Überlagerung ist der Geruch säuerlich.

Dicke oder dünne Stangen

Naturgemäß wächst Spargel unterschiedlich dick. Ein Qualitätskriterium ist dies nicht, obwohl beim Bleichspargel der Preis mit dem Umfang steigt (bei den grünen ist es oft umgekehrt). Allerdings spart man bei dickem Bleichspargel viel Zeit beim Schälen.

Haltbarkeit

Erntefrischen Spargel kann man im Kühlschrank während 2 bis 3 Tagen aufbewahren. Um das Austrocknen zu verhindern, wickelt man den weißen Spargel in ein feuchtes Küchentuch ein. Den Grünspargel lagert man stehend in einer Schale/in einem Krug mit max. 2 cm Wasser.

KÜCHENPRAXIS

VORBEREITEN DES SPARGELS

Bleichspargel

Mit einer Bastschicht umhüllt, die in Richtung Schnittstelle dicker wird. Für ungetrübten Genuss ist sie großzügig mit einem Schälmesser, Spar- oder Spargelschäler zu entfernen. Um das Brechen der Stangen zu vermeiden, stützt man sie mit einer Hand oder legt sie auf eine Unterlage. Den Schäler unterhalb des Köpfchens ansetzen und bis zum Ende ziehen. Ungefähr ab der Hälfte ist oft mehrmaliges Ansetzen nötig, bis die Bastschicht – erkennbar an ihrem Glanz – vollständig entfernt ist. Die Schnittstelle stets großzügig abschneiden: wird zusammen mit den Schalen für einen Spargelfond verwendet.

Grünspargel

Dünner Grünspargel wird nicht geschält, sondern nur frisch angeschnitten. Bei dickeren Exemplaren muss eventuell das untere Drittel geschält und die Schnittstelle gekürzt werden.

GARMETHODEN DER SPARGEL

Dampfgaren

Dazu die Spargelstangen in einen Siebaufsatz oder Siebeinsatz legen, den man in einen Topf mit so viel Wasser setzt, dass es den Spargel nicht berührt.

Im Wasser garen

Den Spargel in einen hohen Topf mit leicht gesalzenem, kochendem Wasser stellen. Ein wenig Butter und ein Stück Würfelzucker verfeinern sein Aroma während des Garprozesses.

Garzeiten

Der Bleichspargel benötigt je nach Dicke 20 bis 30 Minuten; Grünspargel 10 bis 15 Minuten.

FÜR GESUNDHEIT UND VITALITÄT

In der Volksmedizin wurde der Spargel früher als gutes Heilmittel bei Steinleiden, Harnverhalten, Herzklopfen, Husten, Milz- und Leberleiden, Auswurf, Rheuma und Gicht empfohlen. Heute verordnet man Spargel als unterstützende Medizin bei Wassersucht, Blasen- und Nierenleiden, Harnverhalten oder Blasenentzündungen. Er wirkt appetitfördernd und abführend.

- Da der Spargel kaum Fett und kein Cholesterin enthält, ist er bei erhöhten Blutfettwerten zu empfehlen. Menschen mit Bluthochdruck profitieren ebenfalls. Diabetiker (400 g Spargel = 1 BE) und Übergewichtige (100 g Spargel = 14 kcal/58 kJ) dürfen den Spargel uneingeschränkt genießen.

- Spargel enthalten Purine (35 mg/100 g), die im Körper zu Harnsäure abgebaut werden. Gichtkranke dürfen aber ohne Bedenken bis zu 500 g Spargel pro Tag essen, vorausgesetzt, sie trinken reichlich Flüssigkeit.

- Das Spargelkochwasser kann äußerlich bei Hautunreinheiten, äußerlich und innerlich bei chronischen Ekzemen, innerlich bei Entschlackungskuren, aller Art von Wasseransammlungen und ebenfalls Lymphstauungen eingesetzt werden.

- Der Spargel enthält 93 bis 95 % Wasser. Der Rest ist wie folgt zusammengesetzt: Rohfasern (Ballaststoffe), Asparagin, Tyrosin, Zitronen-, Apfel- und Bernsteinsäure, Purine, Zucker, Vanillin, Pentosane, Mineralstoffe (Kalium, Magnesium, Kalzium, Phosphor), Vitamine (Karotin, Vitamin C, B-Vitamine, Vitamin E). Bemerkenswert ist der hohe Kalium- und niedrige Natriumgehalt.

- Nach dem Spargelgenuss – bei weißem sehr viel mehr als bei grünem Spargel – nimmt der Urin einen charakteristischen Geruch an, der vom Inhaltsstoff Asparagin herrührt. Dieser regt die Nieren an. Die Folge ist eine verstärkte Harnausscheidung.

REZEPTE

SAUCEN

Kräutermayonnaise

3 Eigelbe von Freilandeiern
2 EL grobkörniger Senf
Meersalz
frisch gemahlener Pfeffer
2½ dl/250 ml kalt gepresstes Sonnenblumenöl
2–3 EL Zitronen- oder Limonensaft
2 Bund Schnittlauch

Eigelbe mit dem Senf verrühren, mit Salz und Pfeffer würzen. Öl mit dem Schneebesen oder mit Stabmixer tropfenweise unterrühren. Den Zitronensaft unterrühren. Schnittlauch fein schneiden und dazugeben. Abschmecken.

Sauce Hollandaise

200 g Butter
2 Eigelbe von Freilandeiern
4 EL Weißwein
1 EL Apfelessig
einige Pfeffer- und Pimentkörner
Meersalz
1 EL Zitronensaft

1
Die Butter in einem Pfännchen erhitzen, bis sie klar ist. Auf die Seite stellen und auf 60 °C abkühlen lassen.

2
Weißwein, Essig und Gewürzkörner aufkochen und auf die Hälfte einreduzieren. Die Gewürze herausfischen.

3
Eigelbe und Weißweinreduktion über kochendem Wasserbad zu cremiger Masse aufschlagen, von der Wärmequelle nehmen. Warme Butter löffelweise unter die Eigelbmasse rühren, mit Salz und Pfeffer abschmecken.

Tipp
Die Sauce sofort servieren oder in einem warmen (nicht heißen) Wasserbad warm stellen.

Leichte Sauce Hollandaise

2 TL Maisstärke
2 EL Milch
3 Eigelbe von Freilandeiern
4 EL Butter
4 EL Vollmilch- oder Rahm-/Sahnequark
1–2 TL Limonen- oder Zitronensaft
Meersalz
frisch gemahlener Pfeffer

Maisstärke und Milch in einem Pfännchen glatt rühren. Die Eigelbe und 1 Esslöffel Butter dazugeben, unter ständigem Rühren vor den Kochpunkt bringen. Die Sauce darf nicht kochen! Sobald die Sauce sämig/dickflüssig ist, von der Wärmequelle nehmen. Zuerst Butter esslöffelweise unterrühren, dann den Quark. Mit Limonensaft, Salz und Pfeffer würzen.

Eier-Schnittlauch-Sauce

2 dl/200 ml Crème fraîche
1 EL Senf
Meersalz
frisch gemahlener Pfeffer
2 hart gekochte Freilandeier
1 Bund Schnittlauch

Die Crème fraîche mit dem Senf glatt rühren, mit Salz und Pfeffer würzen. Die Eier schälen und klein würfeln, den Schnittlauch fein schneiden, unter die Crème fraîche rühren.

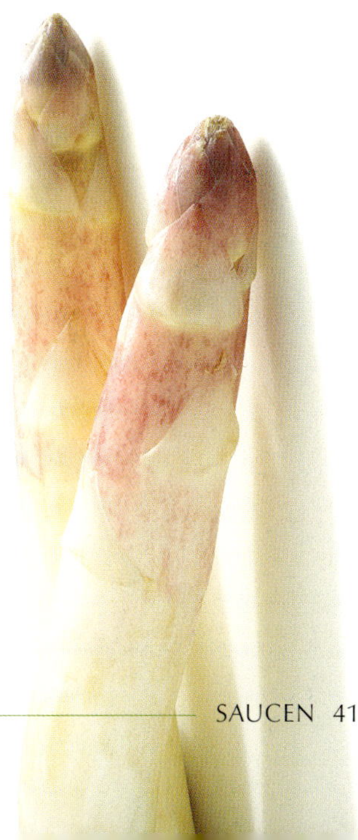

SUPPEN

SPARGELCONSOMMÉ

800 g weißer Spargel
1 EL Butter
1 Msp Zucker
Meersalz
1 dl/100 ml Weißwein
1 l Gemüsebrühe
1 Eiweiß zum Klären

1
Weißen Spargel schälen, obere Hälfte sparsam, untere Hälfte großzügiger, bis alle holzigen Stellen entfernt sind. Die Spargelspitzen auf 5 cm kürzen, in ein feuchtes Tuch einschlagen, in den Kühlschrank legen.

2
Den restlichen Spargel in etwa 2 cm lange Stücke schneiden, in der mäßig warmen Butter andünsten, mit Zucker und wenig Salz würzen, den Weißwein und die Gemüsebrühe zufügen, aufkochen und bei schwacher Hitze 30 Minuten köcheln lassen, bis die Spargelstücke sehr weich sind. Den Topfinhalt durch ein Saucensieb oder ein Baumwolltuch in eine Schüssel passieren und erkalten lassen. Über Nacht in den Kühlschrank stellen.

3
Fettschicht auf der klaren Brühe entfernen. Die Brühe mit dem Eiweiß unter Rühren aufkochen, abschäumen. Topf auf der ausgeschalteten Wärmequelle zugedeckt 1 Minute stehen lassen. Die Brühe durch ein Saucensieb oder ein Baumwolltuch passieren.

4
Die Spargelspitzen längs halbieren oder vierteln, mit der Consommé aufkochen, bei schwacher Hitze 10 Minuten köcheln lassen.

KALTE GRÜNE SPARGELSUPPE

1½ kg grüner Spargel
Zitronensaft
Meersalz
frisch gemahlener Pfeffer
frisch geriebene Muskatnuss
2 dl/200 ml Crème fraîche
1 kleiner Bund Kerbel

1

Beim grünen Spargel den verholzten Teil großzügig abschneiden. Die Spargelstangen in 2 bis 3 cm lange Stücke schneiden, eventuell die Spitzen abschneiden und als Garnitur verwenden.

2

Den Spargel über Dampf sehr weich garen, abgießen und fein pürieren, eventuell durch ein Sieb streichen.

3

Spargelpüree mit Zitronensaft, Salz, Pfeffer und Muskatnuss würzen. Je nach Konsistenz mit kalter Gemüsebrühe verdünnen. Anrichten. Crème fraîche mit einem Teelöffel portionieren, die Klößchen auf die Suppe setzen. Mit Kerbel garnieren.

GEMÜSEBRÜHE mit Spargel-Lachs-Klößchen

Gemüsebrühe
2 EL Olivenöl extra nativ
1 Zwiebel
4 Gewürznelken
2 Lorbeerblätter
2 Karotten
½ Knollensellerie
200 g grüner Spargel
Salz
frisch gemahlener Pfeffer
Muskatnuss
3 EL gehackte Gartenkräuter

Klößchen
70 g weiche Butter
2 Freilandeier
100 g geräucherter Lachs
ca. 90 g Weißmehl/Mehltype 405

1
Für die Gemüsebrühe die Zwiebel mit Schale halbieren, mit den Lorbeerblättern und Nelken bestecken. Karotten und Knollensellerie schälen und in grobe Stücke schneiden. Beim grünen Spargel den verholzten Teil großzügig abschneiden.

2
Das Olivenöl in einem Kochtopf erhitzen, besteckte Zwiebelhälften, Karotten und Knollensellerie zufügen und mindestens 4 Minuten dünsten, die holzigen Spargelteile zufügen, 1 Liter Wasser angießen, aufkochen, bei schwacher Hitze mindestens 30 Minuten kochen.

3
Den Grünspargel etwa 8 Minuten in der Gemüsebrühe mitkochen, dann unter kaltem Wasser abschrecken, Spitzen längs halbieren (wird später als Suppeneinlage verwendet), den Rest in Würfelchen/Brunoise (für die Klößchen) schneiden.

4
Für die Klößchen Butter, Eier und Rauchlachs in einer Schüssel mit dem Stabmixer zu einer homogenen Masse pürieren, Spargelwürfelchen unterrühren, so viel Mehl unterrühren, bis der Teig zähflüssig ist, mit wenig Salz und Pfeffer würzen.

5
Das Suppengemüse mit einem Schaumlöffel aus der Brühe nehmen, die Brühe mit Salz, Pfeffer und Muskatnuss abschmecken. Topf auf die Wärmequelle stellen und die Brühe erwärmen. Jeweils 2 Kaffeelöffel in kaltes Wasser tauchen, den Teig portionieren und in die köchelnde Brühe gleiten lassen. Die Klößchen sind gar, wenn sie an die Oberfläche steigen. Die Spargelspitzen zufügen.

6
Die Brühe mit den Spargelspitzen und den Klößchen in vorgewärmten Suppentellern anrichten. Mit den Kräutern garnieren.

Gemüsebrühe
Auch eine Spargelbrühe vom Vortag eignet sich für dieses Rezept.

WEISSE SPARGELCREMESUPPE

2 EL Butter
700 g weißer Spargel
200 g mehlig kochende Kartoffeln
1 dl/100 ml Weißwein
7 dl/700 ml Gemüsebrühe
3 EL Crème double
Meersalz
frisch gemahlener Pfeffer
1 Prise Muskatnuss
gezupfter Kerbel

1

Weißen Spargel schälen, obere Hälfte sparsam, untere Hälfte großzügiger, bis alle holzigen Stellen entfernt sind. Die Spargelspitzen auf 5 cm kürzen. Die Stangen in 5 mm dicke Scheiben schneiden. Die Kartoffeln schälen und klein würfeln.

2

Spargelstücke und Spargelspitzen in der Butter andünsten, Kartoffeln zugeben, mit dem Weißwein und der Gemüsebrühe ablöschen, aufkochen, die Suppe bei schwacher Hitze köcheln lassen, bis der Spargel sehr weich ist. Spitzen nach etwa 10 Minuten herausnehmen und beiseite stellen.

3

Suppe pürieren und durch ein Sieb streichen. Cremesuppe aufkochen und je nach Konsistenz mit Gemüsebrühe verdünnen, die Crème double unterrühren, die Spargelspitzen in der Suppe erwärmen und mit Salz, Pfeffer und Muskatnuss abschmecken.

4

Spargelcremesuppe in vorgewärmten Tellern anrichten, mit gezupftem Kerbel garnieren.

MINESTRONE mit zweierlei Spargel

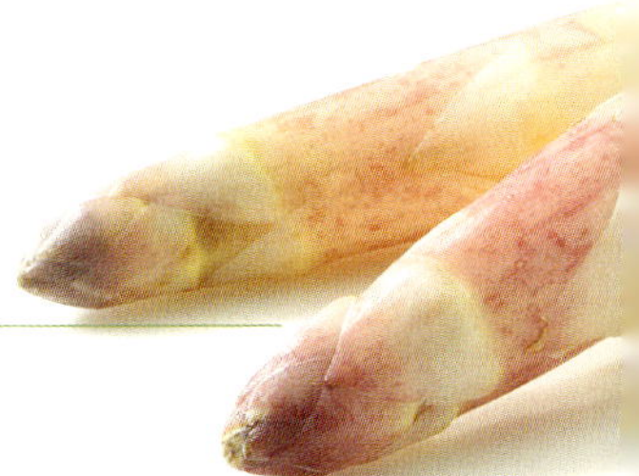

4 weiße Spargel
8 grüne Spargel
400–500 g gemischtes Wurzelgemüse, z. B. Knollensellerie, Pfälzer Rüben, Karotten, Kohlrabi
1 dl/100 ml Weißwein
1 l Gemüsebrühe
Sojasauce

1
Weißen Spargel schälen, obere Hälfte sparsam, untere Hälfte großzügiger, bis alle holzigen Stellen entfernt sind. Schnittstelle großzügig abschneiden. Beim grünen Spargel den verholzten Teil großzügig abschneiden. Spargelspitzen auf 5 cm kürzen, den Rest in 2 bis 3 cm lange Stücke schneiden. Wurzelgemüse schälen, in Würfel schneiden.

2
Wurzelgemüse, Spargelscheiben, Gemüsebrühe und Weißwein im Kochtopf aufkochen, bei schwacher Hitze garen, bis das Gemüse weich ist. Spargelspitzen 5 Minuten mitkochen. Die Suppe eventuell mit zusätzlicher Gemüsebrühe verdünnen. Mit Kräutersalz und Sojasauce abschmecken.

Mahlzeit
500 g fest kochende Kartoffeln schälen und klein würfeln, von Anfang an mitkochen.

VORSPEISEN

UND SALATE

SPARGELBÜNDEL mit Frischkäse-Gemüse-Klößchen

12 dicke weiße Spargel
12 dicke grüne Spargel
1 große Lauchstange

Frischkäse-Gemüse-Klößchen
200 g Frischkäse, z. B. Philadelphia
300 g Gemüsewürfelchen (Brunoise), z. B. Karotten, Knollensellerie, Kohlrabi, Fenchel, Zucchini, Stangensellerie
wenig frischer Majoran und Thymian, fein gehackt
1 TL scharfes Currypulver
Kräutermeersalz
frisch gemahlener Pfeffer

Dill für die Garnitur

1

Weißen Spargel schälen, obere Hälfte sparsam, untere Hälfte großzügiger, bis alle holzigen Stellen entfernt sind. Schnittstelle großzügig abschneiden. Beim grünen Spargel den verholzten Teil großzügig abschneiden. In einem großen Kochtopf schwach gesalzenes Wasser erhitzen, weißen Spargel zugeben, etwa 12 Minuten bei schwacher Hitze kochen, nun grünen Spargel zugeben, weitere 6 bis 8 Minuten köcheln lassen. Aus dem Topf nehmen und warm stellen.

2

Beim Lauch das äußere Blatt entfernen, die Stange längs halbieren und in Längsrichtung in 5 mm breite Streifen schneiden. Die Streifen im Spargelwasser blanchieren, unter kaltem Wasser abschrecken.

3

Für die Klößchen Frischkäse, Gemüsewürfelchen und die Kräuter verrühren, mit Curry, Kräutersalz und Pfeffer würzen.

4

Den heißen Spargel bündeln, etwa 5 Stangen aufs Mal, mit den Lauchstreifen möglichst satt zusammenbinden, bei 3 cm beginnend und dann alle 5 bis 6 cm. Bündel mit einem scharfen Messer portionieren, auf vorgewärmten Tellern anrichten. Von der Gemüsemasse mit einem Esslöffel Klößchen abstechen, auf dem Spargel anrichten. Mit Dill garnieren.

SPARGELSALAT AN AVOCADOSAUCE

1/2 Bund weißer Spargel
1/2 Bund grüner Spargel

1 Hand voll Gartenkresse
2 Hand voll Schnittsalat
8 Champignons
8 Radieschen

Sauce
1 große, gut reife Avocado
1 dl/100 ml Rahm/Sahne
1 EL Sojasauce
2 EL Apfelessig
2 EL kalt gepresstes Sonnenblumenöl
Kräutermeersalz
frisch gemahlener Pfeffer
fein gehackte Zitronenmelisse oder Petersilie

1 Hand voll Baumnuss-/Walnusskernhälften
Zitronenmelisse

1
Weißen Spargel schälen, obere Hälfte sparsam, untere Hälfte großzügiger, bis alle holzigen Stellen entfernt sind. Schnittstelle großzügig abschneiden. Beim grünen Spargel den verholzten Teil großzügig abschneiden. In einem großen Kochtopf schwach gesalzenes Wasser erhitzen, weißen Spargel zugeben, etwa 12 Minuten bei schwacher Hitze kochen, nun grünen Spargel zugeben, weitere 6 bis 8 Minuten köcheln lassen. Aus dem Topf nehmen und unter kaltem Wasser abschrecken. Die Stangen in etwa 5 cm lange Stücke schneiden, die Spitzen ganz lassen, die übrigen Stücke eventuell längs halbieren oder vierteln.

2
Die Champignons und die Radieschen in feine Scheiben schneiden.

3
Für die Sauce die Avocado halbieren, den Kern entfernen, das Fruchtfleisch herauslösen, mit Rahm, Sojasauce, Apfelessig und Sonnenblumenöl mit einer Gabel fein zerstoßen oder pürieren und je nach Konsistenz mit Rahm und Apfelessig verdünnen, mit Kräutersalz, Pfeffer und Zitronenmelisse würzen.

4
Schnittsalat und Gartenkresse auf Tellern anrichten. Radieschen, Pilze und Spargel in die Mitte geben, die Avocadosauce darüber verteilen. Mit Baumnüssen und Zitronenmelisse garnieren.

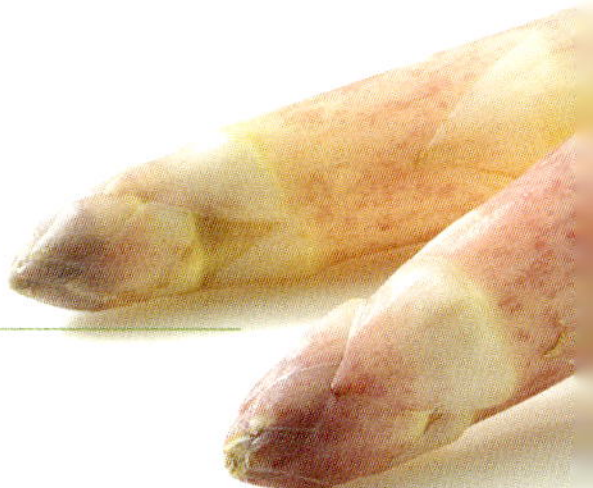

SPARGELSALAT auf Brunnenkresse

4 Hand voll Brunnenkresse
1 Hand voll Gartenkresse

8–12 weiße Spargel
8–12 grüne Spargel
Dill

Vinaigrette
3 EL weißer Balsamico-Essig
1 TL Sojasauce
Kräutermeersalz
frisch gemahlener weißer Pfeffer
9 EL Olivenöl extra nativ
1 Pfälzer Rübe
2 Radieschen

1

Weißen Spargel schälen, obere Hälfte sparsam, untere Hälfte großzügiger, bis alle holzigen Stellen entfernt sind. Schnittstelle großzügig abschneiden. Beim grünen Spargel den verholzten Teil großzügig abschneiden. In einem großen Kochtopf schwach gesalzenes Wasser erhitzen, weißen Spargel zugeben, etwa 12 Minuten bei schwacher Hitze kochen, nun grünen Spargel zugeben, weitere 6 bis 8 Minuten köcheln lassen. Aus dem Topf nehmen und unter kaltem Wasser abschrecken. Die Stangen in etwa 5 cm lange Stücke schneiden, die Spitzen ganz lassen, übrige Stücke längs halbieren oder vierteln.

2

Vinaigrette zubereiten. Pfälzer Rübe schälen. Rübe und Radieschen in kleinste Würfelchen (Brunoise) schneiden. Beides zur Sauce geben.

3

Kresse in tiefen Tellern anrichten, Spargelstücke darauf verteilen, mit restlicher Kresse garnieren, Sauce darüber träufeln. Mit Dill garnieren.

BUNTER BLATTSALAT mit paniertem Spargel

4 Hand voll gemischter Blattsalat, z. B. Rucola, Portulak, Gartenkresse, Schnittsalat, Spinat
1 Bund Radieschen
Blüten für die Garnitur

8 dicke weiße Spargel
Kräutermeersalz
2–3 EL Weißmehl
1 verquirltes Freilandei
Paniermehl/Semmelbrösel
Bratbutter/Butterschmalz

Vinaigrette
2 EL Weißweinessig
2 EL weißer Balsamico-Essig
einige Tropfen Sojasauce
1 TL Birnendicksaft
Kräutermeersalz
frisch gemahlener Pfeffer
6 EL kalt gepresstes Distelöl

1
Weißen Spargel schälen, die obere Hälfte sparsam, die untere Hälfte großzügig, bis alle holzigen Stellen entfernt sind. Die Schnittstelle großzügig abschneiden. Den Spargel über Dampf oder im Salzwasser knackig garen. Mit kaltem Wasser abschrecken, auf einem Küchentuch trocknen lassen. Spargelspitzen auf etwa 5 cm kürzen. Die Spargelstangen mit Kräutersalz und Pfeffer würzen, zuerst im Mehl, dann im Ei und zuletzt im Paniermehl wenden, in der Bratbutter goldbraun braten.

2
Die Vinaigrette zubereiten.

3
Den Blattsalat auf Tellern anrichten. Die Radieschen in feine Stäbchen schneiden, darüber streuen. Die Vinaigrette darüber träufeln. Den noch warmen panierten Spargel mit einem scharfen Messer vorsichtig in 3 cm lange Stücke schneiden, zusammen mit den längs halbierten Spargelspitzen auf dem Blattsalat anrichten. Mit den Blüten garnieren.

COUSCOUS-SPARGEL-GEMÜSE-SALAT

kleine Mahlzeit

Couscous

1 kleine Zwiebel
180 g Couscous
4 dl/400 ml Gemüsebrühe
2 EL Zitronensaft
1 Bund Koriander
frisch gemahlener Pfeffer

Gemüse

2 EL Olivenöl extra nativ
100 g Champignons
300 g grüner Spargel
200 g Frühkarotten
Meersalz
frisch gemahlener Pfeffer

3 EL Apfelessig
Koriander für die Garnitur

1

Die Zwiebel schälen und fein hacken, mit dem Couscous und der Gemüsebrühe aufkochen, von der Wärmequelle nehmen. Zitronensaft und fein gehackten Koriander unterrühren, mit Pfeffer abschmecken. 30 Minuten oder länger zugedeckt quellen lassen.

2

Die Champignons in Scheiben schneiden. Beim grünen Spargel den verholzten Teil großzügig abschneiden, die Stangen in 5 cm lange Stücke schneiden. Die Karotten putzen, nicht schälen, je nach Größe halbieren. Die Champignons, die Spargel und die Karotten im Olivenöl bei schwacher Hitze knackig dünsten, mit Salz und Pfeffer würzen.

3

Couscous und Gemüse vermengen, abschmecken. Anrichten. Den Essig darüber träufeln. Mit Koriander garnieren.

KNUSPERSPARGEL

600 g weißer Spargel
Salz
frisch gemahlener Pfeffer

Ausbackteig
1 Freilandei
50 g Weißmehl/Mehltype 405
1 Prise Salz
2–4 EL helles Bier
4 EL Cornflakes

Mehl zum Wenden
Kokosnussfett zum Frittieren

1
Weißen Spargel schälen, die obere Hälfte sparsam, die untere Hälfte großzügig, bis alle holzigen Stellen entfernt sind. Die Schnittstelle großzügig abschneiden. Den Spargel über Dampf oder im Salzwasser knackig garen. Mit kaltem Wasser abschrecken, auf einem Küchentuch trocknen lassen. Spargel quer halbieren, dicke Stangen auch längs halbieren, mit Salz und Pfeffer leicht würzen.

2
Das Ei in einer Schüssel verquirlen, das Mehl zugeben, glatt rühren, salzen und mit so viel Bier verdünnen, bis der Teig zähflüssig vom Löffel reißt.

3
Das Kokosnussfett in einer Pfanne auf ca. 150 °C erhitzen.

4
Die Spargelstücke im Mehl wenden. Cornflakes unter den Ausbackteig mischen, die Spargelstücke sofort darin wenden, im heißen Kokosnussfett portionenweise goldbraun und knusprig backen.

Cornflakes
Cornflakes werden im Kontakt mit Flüssigkeit (Teig) rasch weich und matschig. Bei größerer Menge empfiehlt es sich, den Teig zu portionieren und die Cornflakes unmittelbar vor Verwendung zuzugeben.

Serviervorschlag
Mit einem pikant abgeschmeckten Kräuterquark und einem knackigen Blattsalat servieren.

Frischkäse auf AVOCADO-SPARGEL-FÄCHER

20 grüne Spargel
4 Ziegenfrischkäse, je 50–70 g
Olivenöl extra nativ
2 reife Avocados
Blattsalat und Sprossen für die Garnitur
Salz
frisch gemahlener Pfeffer
Olivenöl extra nativ
Essig

1
Beim Spargel den verholzten Teil großzügig abschneiden. Spargel über dem Dampf oder im Salzwasser etwa 8 Minuten knackig garen, dann unter kaltem Wasser abschrecken und auf einem Küchentuch abtropfen lassen.

2
Die Frischkäse mit Olivenöl bepinseln, auf einen Teller legen, im vorgeheizten Ofen bei 100 °C während 10 bis 15 Minuten erwärmen.

3
Die Avocados in Längsrichtung rundum bis auf den Kern einschneiden, dann die Hälften sorgfältig auseinander drehen und aus jeder Hälfte 4 Spalten schneiden, erst jetzt die Schale abziehen.

4
Avocadospalten und grünen Spargel fächerartig auf den Tellern anrichten, mit Blattsalat und Sprossen garnieren, mit Olivenöl und Essig beträufeln, mit Salz und Pfeffer würzen, den warmen Käse darauf setzen.

Serviervorschlag
Mit knusprig gerösteter Baguette oder Vollkorntoast servieren.

GRÜNER SPARGEL mit Meerbohnen und Krevetten

2 EL Butter
1 Bund grüner Spargel
1 kleine Zwiebel, fein gehackt
250 g Meerbohnen (Salicorne)
400 g Krevetten/Garnelen, aus Bio-Zucht oder Nordatlantik-Wildfang
1 Knoblauchzehe
frisch gemahlener schwarzer Pfeffer

1
Beim grünen Spargel den verholzten Teil großzügig abschneiden. Den Spargel, an der Schnittstelle beginnend, schräg in maximal 15 mm dicke Scheiben schneiden, die Spitzen etwa 5 cm lang stehen lassen und längs halbieren. Die Meerbohnen in einem Sieb gut abspülen, um Sandrückstände auszuwaschen, abtropfen lassen.

2
In einer Bratpfanne die Butter schmelzen, rohe Spargelstücke und Zwiebeln darin während 6 bis 8 Minuten unter Rühren dünsten, sehr sparsam salzen. Die Meerbohnen zum Spargel geben, mit Pfeffer würzen und während etwa 3 Minuten warm werden lassen. Auf die weitere Zugabe von Salz kann verzichtet werden, weil die Meerbohnen von Natur aus schon salzig sind.

3
Das Gemüse auf vorgewärmten Tellern anrichten. Die Krevetten in der Gemüsepfanne scharf anbraten, die Knoblauchzehe dazu pressen, mit schwarzem Pfeffer würzen, auf dem Gemüse anrichten.

Meerbohnen

Die Salicornia europaea, auch Salicorne, Gemeiner Queller oder auch Glasschmalz genannt (wegen der glasig-knorpeligen Beschaffenheit des Stängels, welcher an Sukkulenten erinnert), ist eine Blütenpflanze, deren Stängel sich wie ein Armleuchter nach oben verzweigen. Um die winzigen Blättchen und die grünlichen Blüten zu entdecken, muss man genau hinschauen. Salicorne ist eine Pionierpflanze: Sie kommt nur in salzhaltigen Böden vor, wo sie sich wiesenähnlich ausbreitet und den Küstengrund festigt. Die Meerbohnen sind einjährig. Nach der Vegetationszeit verbinden sich ihre Überreste mit dem Grund. Keine andere Blütenpflanze übersteht den Wechsel der Gezeiten so problemlos wie Salicorne, und keine andere Pflanze würde den so hohen Salzgehalt überstehen. Salicorne gibt es meist nur sporadisch als Frischprodukt beim guten Comestibles- oder Fischhändler zu kaufen.

Krevetten/Garnelen

Betrachten Sie Krevetten als Luxus, die entsprechend selten auf den Speisezettel kommen. Informationen und Einkaufstipps zum Thema auf www.wwf.ch

SPARGEL-ROHSCHINKEN-TÜRMCHEN

½ Bund weißer Spargel
½ Bund grüner Spargel
1 EL Butter
200 g Parmaschinken

Vinaigrette
150 g reife Erdbeeren
2 EL Olivenöl extra nativ
2 EL Weißweinessig
1 Prise Zucker
Meersalz
frisch gemahlener Pfeffer

1
Weißen Spargel schälen, obere Hälfte sparsam, untere Hälfte großzügiger, bis alle holzigen Stellen entfernt sind. Schnittstelle großzügig abschneiden. Beim grünen Spargel den verholzten Teil großzügig abschneiden. In einem großen Kochtopf schwach gesalzenes Wasser mit der Butter erhitzen, weißen Spargel zugeben, etwa 12 Minuten bei schwacher Hitze kochen, nun grünen Spargel zugeben und weitere 6 bis 8 Minuten köcheln lassen. Spargeln aus dem Kochtopf nehmen, unter kaltem Wasser abschrecken. Schräg in 5 bis 7 cm lange Stücke schneiden.

2
Den Backofen auf 150 °C vorheizen.

3
Beim Schinken die breiten Fettränder abschneiden, Scheiben je nach Größe halbieren oder vierteln, auf ein Backgitter legen, im Ofen bei 150 °C während 5 Minuten zu knusprigen Chips backen, abkühlen lassen.

4
Ein paar schöne Erdbeeren für die Garnitur beiseite legen. Die restlichen Erdbeeren entstielen und mit dem Stabmixer fein pürieren, mit den restlichen Zutaten zu einer Vinaigrette rühren, würzen.

5
Die Rohschinken-Chips und Spargel kreuzweise zu einem Türmchen schichten, mit der Sauce umgießen, mit den Erdbeeren garnieren.

SPARGEL-LACHS-SALAT

1 Bund weißer Spargel
2 EL Kräuteressig
1 dl/100 ml Rahm/Sahne
2 süße Äpfel
150 g geräucherter Lachs
frisch geriebener Meerrettich
Meersalz
frisch gemahlener Pfeffer

1
Weißen Spargel schälen, obere Hälfte sparsam, untere Hälfte großzügiger, bis alle holzigen Stellen entfernt sind. Schnittstelle großzügig abschneiden. Über dem Dampf oder im Salzwasser weich garen, mit kaltem Wasser abschrecken und auf einem Küchentuch abtropfen lassen. Stangen in 8 cm lange Stücke schneiden, dicke Exemplare längs halbieren und in eine Schüssel legen, mit Salz und Pfeffer würzen, den Kräuteressig darüber träufeln.

2
Den Rahm steif schlagen. Den Lachs in schmale Streifen schneiden und zum Schlagrahm geben. Die Äpfel mitsamt der Schale auf der Bircher-Rohkostreibe dazu reiben, vermengen. Den Meerrettich – Menge nach Belieben – untermischen. Spargelstücke untermischen.

Tipp
Bei eher säuerlichen Äpfeln kann man mit 1 bis 2 Prisen Zucker nachhelfen.

LAUWARMER SPARGELSALAT mit Wildkräutern

2 Scheiben Toastbrot
oder weißes Brot
Olivenöl extra nativ

1 Bund grüner Spargel
2 EL Olivenöl
1 Frühlingszwiebel
1 dl/100 ml Weißweinessig
Meersalz
frisch gemahlener Pfeffer
Wildkräuter, z. B. Sauerampfer, Bärlauch, Löwenzahn, Wiesenklee, Gänseblümchen, Guter Heinrich, Wiesenkerbel
1–2 EL Olivenöl extra nativ
2 hart gekochte Freilandeier

1
Brotscheiben in kleine Würfel schneiden, in einer Bratpfanne in wenig Olivenöl bei mäßiger Hitze knusprig braten. Die Croûtons auf Haushaltpapier abkühlen lassen.

2
Beim grünen Spargel den verholzten Teil großzügig abschneiden. Den Spargel schräg in 5 mm dicke Scheiben schneiden. Die Spitze 5 cm lang lassen, eventuell längs halbieren.

3
Die Zwiebel fein hacken, die Röhrchen in feine Ringe schneiden, im Olivenöl andünsten, Spargelscheiben zufügen und etwa 6 Minuten mitdünsten, mit dem Weißweinessig ablöschen, Flüssigkeit zur Hälfte einkochen lassen, mit Salz und Pfeffer würzen, abkühlen lassen.

4
Wildkräuter grob hacken, mit dem Spargel vermengen, mit Olivenöl abschmecken. Auf Tellern anrichten. Den Spargelsalat mit den Brotcroûtons und dem fein gehackten Ei garnieren.

SPARGEL-FRISCHKÄSE-Aufstrich mit Boretsch

1 Baguette

½ Bund grüner Spargel
1–2 EL Spargelsud
200 g Cottage Cheese/Hüttenkäse
4 Boretschblätter
Salz
frisch gemahlener Pfeffer
Boretschblüten für die essbare Garnitur

1
Beim grünen Spargel den verholzten Teil großzügig abschneiden. Den Spargel im schwach gesalzenen Wasser 10 Minuten kochen und unter kaltem Wasser abschrecken. Die Spitzen abschneiden und für die Garnitur beiseite legen.

2
Restlichen Spargel längs vierteln, die Viertel in Würfelchen schneiden, zusammen mit dem Spargelsud mixen, mit dem Cottage Cheese vermengen. Boretschblätter fein hacken und unterrühren, mit Salz und Pfeffer abschmecken.

3
Baguette in Scheiben schneiden, im Backofen bei starker Hitze rösten.

4
Frischkäse-Aufstrich auf der gerösteten Baguette verstreichen, mit Spargelspitzen und Boretschblüten garnieren.

Knusprige Baguette
Baguette unmittelbar vor dem Essen mit dem Frischkäse bestreichen, damit sie knusprig bleibt. Oder den Frischkäse-Aufstrich und den Toast separat servieren.

KAROTTEN-SPARGEL-CARPACCIO

1½ dl/150 ml Weißweinessig
1–2 Prisen Zucker
1 TL Senfkörner
1 Bund Schnittlauch
1 Bund Petersilie
1 Bund Thymian
frisch gemahlener schwarzer Pfeffer
1 Bund dicker weißer Spargel
300 g Karotten
Olivenöl extra nativ
Meersalz
50 g Parmesan am Stück

1

Essig, Zucker und Senfkörner in einer kleinen Pfanne aufkochen, von der Wärmequelle nehmen. Die Kräuter fein schneiden/hacken, zum noch lauwarmen Essig geben, mit Pfeffer würzen.

2

Weißen Spargel schälen, obere Hälfte sparsam, untere Hälfte großzügiger, bis alle holzigen Stellen entfernt sind. Schnittstelle großzügig abschneiden. Karotten schälen. Aus Spargel und Karotten mit dem Sparschäler oder dem Gemüsehobel hauchdünne Streifen schneiden. In einem Kochtopf Wasser aufkochen, salzen, Spargelstreifen gut 4 Minuten, Karotten 2 Minuten blanchieren. Mit einem Schaumlöffel aus dem Wasser nehmen und unter kaltem Wasser abschrecken.

3

Gemüsestreifen in eine flache Schüssel legen, mit der Essig-Kräutermarinade übergießen. Die Schüssel mit Klarsichtfolie verschließen. Das Gemüse bei Zimmertemperatur mindestens 4 Stunden marinieren.

4

Gemüsestreifen mit der Marinade auf Tellern anrichten, mit Olivenöl beträufeln und mit Salz abschmecken, mit Parmesanlocken garnieren.

SPARGELSOUFFLÉ

500 g weißer oder grüner Spargel

Béchamelsauce
20 g Butter
40 g Weißmehl/Mehltype 405
4 dl/400 ml Milch
1 dl/100 ml Rahm/süße Sahne
frisch gemahlener Pfeffer
4 Freilandeier
50 g frisch geriebener Sbrinz oder Parmesan

1
Weißen Spargel schälen, obere Hälfte sparsam, untere Hälfte großzügiger, bis alle holzigen Stellen entfernt sind. Schnittstelle großzügig abschneiden. Beim grünen Spargel den verholzten Teil großzügig abschneiden. Den Spargel über Dampf weich garen, den weißen etwa 20 Minuten, den grünen 8 Minuten. Die Stangen in kleine Stücke schneiden.

2
Für die Béchamelsauce die Butter schmelzen, das Mehl unterrühren, Milch und Rahm unter ständigem Rühren zufügen, bei schwacher Hitze zu einer dickflüssigen Sauce köcheln lassen, mit Salz und Pfeffer würzen. Abkühlen lassen.

3
Backofen auf 200 °C vorheizen. Die Portionenförmchen mit weicher Butter einfetten.

4
Eier trennen. Eigelbe, Sbrinz und Spargelstücke unter die Béchamelsauce rühren. Das Eiweiß zu Schnee schlagen, unterziehen. Die Masse in die vorbereiteten Förmchen füllen.

5
Die Förmchen in der unteren Hälfte in den Ofen schieben, bei 200 °C rund 20 bis 25 Minuten backen. Nadelprobe machen. Sofort servieren.

SPARGELSALAT mit Sesam-Vinaigrette

300 g weißer Spargel
300 g grüner Spargel
1 EL Butter
3 TL Sesamsamen

Vinaigrette
2 EL Weißweinessig
6 EL Olivenöl extra nativ
1 TL Dijonsenf
Meersalz
1 kleine Zwiebel, fein gehackt

1 Bund Schnittlauch

1
Weißen Spargel schälen, obere Hälfte sparsam, untere Hälfte großzügiger, bis alle holzigen Stellen entfernt sind. Schnittstelle großzügig abschneiden. Beim grünen Spargel den verholzten Teil großzügig abschneiden. In einem großen Kochtopf schwach gesalzenes Wasser mit der Butter erhitzen, weißen Spargel zugeben, etwa 12 Minuten bei schwacher Hitze kochen, nun grünen Spargel zugeben und weitere 6 bis 8 Minuten köcheln. Unter kaltem Wasser abschrecken und auf einem Küchentuch trocknen lassen.

2
Hälfte Schnittlauch während 15 Sekunden in das Spargelkochwasser tauchen, bis die Halme geschmeidig sind, abkühlen lassen.

3
Die Spargelstangen längs vierteln, mit den blanchierten Schnittlauchhalmen auf Tellern anrichten.

4
Sesamsamen in einer beschichteten Bratpfanne trocken rösten. Sobald sie braun werden, mit 2 Esslöffel Wasser und 1 Prise Salz ablöschen, weiter rösten, bis alles Wasser verdampft ist und die Samen goldbraun sind. In einer Schale auskühlen lassen.

5
Die Vinaigrette zubereiten. Den restlichen Schnittlauch fein schneiden, mit den Zwiebeln zur Vinaigrette geben.

6
Die Vinaigrette über den Spargel träufeln, die Sesamsamen darüber streuen.

VEGETARISCHE
MAHLZEITEN

SPARGEL IM CRÊPEMANTEL

16 dicke weiße Spargel

Crêpeteig
3 dl/300 ml Milch
1 EL flüssige Butter
3 Freilandeier
100 g Halbweißmehl/ Mehltype 550
1 TL Kräutermeersalz
2 EL fein gehackte Kräuter
Bratbutter/Butterschmalz

Kräutercreme
1–2 Becher Crème fraîche, je 1,8 dl/180 ml
Kräutermeersalz
frisch gemahlener Pfeffer
2 Bund fein geschnittener Schnittlauch

1
Für den Crêpeteig Milch, flüssige Butter und Eier gut verquirlen. Mehl, Kräutersalz und Kräuter beifügen, zu einem glatten Teig rühren. Der Teig sollte eher dünnflüssig sein. Mindestens 30 Minuten ruhen lassen.

2
Weißen Spargel schälen, die obere Hälfte sparsam, die untere Hälfte großzügiger, bis alle holzigen Stellen entfernt sind. Die Schnittstelle großzügig abschneiden. Über dem Dampf oder im Salzwasser knackig garen, je nach Dicke der Stangen 15 bis 20 Minuten.

3
Wenig Bratbutter in einer beschichteten großen Bratpfanne zergehen lassen, mit einem Pinsel gleichmäßig verteilen. Den Teig portionenweise in die Bratpfanne gießen, verlaufen lassen (die Teigmenge reicht für 4 bis 6 Crêpes), die Crêpes beidseitig Farbe annehmen lassen. Immer wieder wenig Bratbutter in die Pfanne geben. Anschliessend die Crêpes erkalten lassen.

4
Crème fraîche mit Kräutersalz und Pfeffer würzen, den Schnittlauch unterrühren.

5
Die Hälfte der Crème fraîche auf den Crêpes ausstreichen. Pro Crêpe braucht es 4 Spargel; einen Spargel auf den Rand legen und ganz umwickeln, dann den zweiten Spargel dazulegen und ganz umwickeln, fortfahren bis alle 4 Spargel eingewickelt sind.

6
Die Crêpes mit einem scharfen Messer portionieren, mit der restlichen Crème fraîche auf Tellern anrichten.

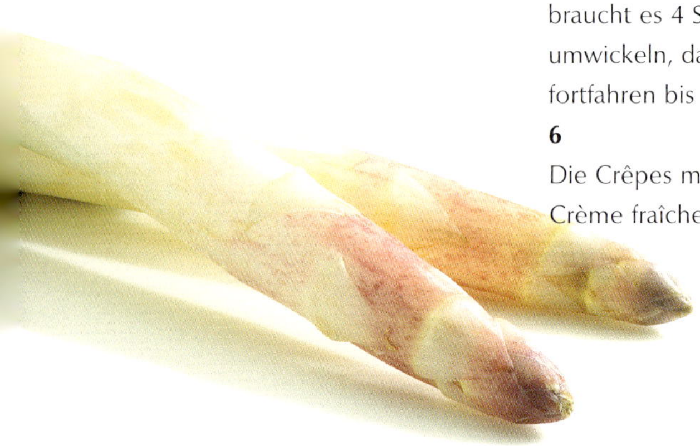

PILZE MIT EIERNUDELN auf Spargelsauce

300–400 g Eiernudeln
20 g Butter

800 g grüner Spargel
2 dl/200 ml Gemüsebrühe
Zitronensaft

1 EL Olivenöl extra nativ
1 Schalotte
400 g Frühlingspilze
wenig Weißwein
frisch gemahlener Pfeffer
Kerbel

1

Beim grünen Spargel den verholzten Teil großzügig abschneiden. Ein paar Spargelstangen für die Garnitur ganz lassen, restliche Stangen klein schneiden. Klein geschnittenen Spargel und ganzen Spargel mit der Gemüsebrühe aufkochen und bei schwacher Hitze sehr weich garen. Ganze Stangen nach 5 Minuten herausnehmen, beiseite legen. Den Pfanneninhalt abgießen, die Brühe auffangen. Spargelstücke fein pürieren.

2

Pilze putzen, kleine Exemplare ganz lassen, große halbieren, vierteln oder in Scheiben schneiden. Die Schalotte schälen und fein hacken. Schalotten im Olivenöl andünsten, Pilze beifügen und mitdünsten, mit Salz und Pfeffer würzen, mit wenig Weißwein ablöschen, ein paar Minuten köcheln lassen.

3

Die Nudeln in einem großen Topf in reichlich Salzwasser al dente kochen, mit einem Schaumlöffel herausnehmen und mit der Butter vermengen. Im Nudelwasser die Spargelstangen erwärmen.

4

Spargelsauce aufkochen, je nach Konsistenz mit wenig Spargelbrühe verdünnen, mit Salz, Pfeffer und Zitronensaft abschmecken.

5

Spargelpüree in vorgewärmten Suppentellern anrichten, die Nudeln in die Mitte geben, mit den Pilzen umgeben. Mit den Spargelstangen und dem Kerbel garnieren.

SPARGELRAGOUT und Pilze im Kartoffelherz

Kartoffelstock/-püree

800 g mehlig kochende Kartoffeln
½ dl/50 ml Rahm/Sahne
20 g Butter
1 dl/100 ml Milch
frisch geriebene Muskatnuss
Meersalz

Spargelragout

8 weiße Spargel
8 grüne Spargel
150 g Pelati aus der Dose
1 dl/100 ml Gemüsebrühe
2 dl/200 ml Tomatensaft
edelsüßes Paprikapulver
Meersalz
frisch gemahlener Pfeffer
Cayennepfeffer
Soja- und Tabascosauce
2 EL Sauerrahm/saure Sahne

Pilzragout

1 TL Butter
1 kleine Zwiebel
100 g frische Morcheln
wenig Gemüsebrühe
Kräutermeersalz
frisch gemahlener Pfeffer

1

Für den Kartoffelstock die Kartoffeln schälen und in Würfel schneiden, über dem Dampf sehr weich garen, durch das Passevite drehen/die Kartoffelpresse drücken.

2

Weißen Spargel schälen, obere Hälfte sparsam, untere Hälfte großzügiger, bis alle holzigen Stellen entfernt sind. Schnittstelle großzügig abschneiden. Beim grünen Spargel den verholzten Teil großzügig abschneiden. Spargelspitzen auf 5 cm kürzen, den Rest in 2 cm lange Stücke schneiden. In einem großen Kochtopf schwach gesalzenes Wasser erhitzen, die weißen Spargelspitzen sowie die Spargelstücke zugeben, etwa 12 Minuten bei schwacher Hitze kochen, nun die Spargelspitzen herausnehmen und warm stellen. Die grünen Spargelspitzen und die Spargelstücke zugeben, weitere 6 bis 8 Minuten köcheln. Abgießen. Warm stellen.

3

Für das Stroganoff die Pelati pürieren, mit der Gemüsebrühe und dem Tomatensaft aufkochen, köcheln lassen, bis die Sauce die richtige Konsistenz hat, pikant würzen. Kurz vor dem Servieren die Spargelscheiben zur Sauce geben, den Sauerrahm unterrühren.

4

Die Morcheln längs halbieren und unter fließendem Wasser reinigen, in einem Küchentuch trocknen. Die fein gehackte Zwiebel in der Butter andünsten, die Morcheln zugeben und mitdünsten, mit wenig Gemüsebrühe ablöschen, mit Kräutersalz und Pfeffer würzen.

5

Kartoffelpüree mit dem Rahm und der Butter unter Rühren erhitzen, so viel Milch unterrühren, bis das Püree weich, aber immer noch von fester Konsistenz ist, würzen. In Spritzbeutel mit großer Sterntülle füllen und auf vorgewärmte Teller Herzen oder beliebige Formen spritzen, mit dem Pilz-Stroganoff und dem Pilzragout füllen.

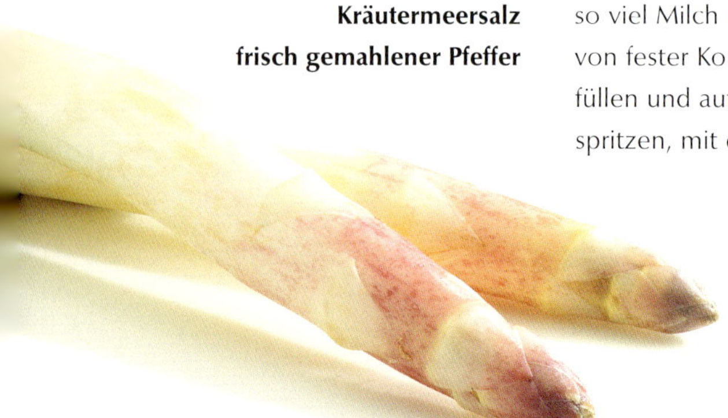

ÜBERBACKENER SPARGEL

24 dicke weiße Spargel
1 Lauch

1 Freilandei
2 EL Rahm/Sahne
100 g geriebener Sbrinz
1 Bund fein geschnittener Schnittlauch

1
Den weißen Spargel schälen, die obere Hälfte sparsam, die untere Hälfte großzügiger, bis alle holzigen Stellen entfernt sind. Die Schnittstelle großzügig abschneiden. Im Salzwasser knackig garen, je nach Dicke 15 bis 20 Minuten. Die Spargelstangen herausnehmen.

2
Beim Lauch das äußere Blatt entfernen, die Stange längs halbieren, in Längsrichtung in 1 cm breite Streifen schneiden. Im Spargelwasser blanchieren. Mit einem Schaumlöffel herausnehmen und unter kaltem Wasser abschrecken.

3
Ei, Rahm, Sbrinz und Schnittlauch mischen.

4
Den Backofen auf höchster Stufe vorheizen.

5
Jeweils 6 Spargel mit den Lauchstreifen zu einem Bündel schnüren, auf einen hoch erhitzbaren Teller oder in Portionen-Gratinschalen legen. Die Käsemasse darüber verteilen. Im Backofen bei starker Hitze kurz überbacken.

Mahlzeit
Mit über Dampf gegarten Kartoffeln oder Reis servieren.

SPARGEL AUF POLNISCHE ART

2 Bund weißer oder grüner Spargel

2 hart gekochte Eier
1 EL fein gehackte Petersilie
100 g Butter
50 g Paniermehl/Semmelbrösel

1

Weißen Spargel schälen, die obere Hälfte sparsam, die untere Hälfte großzügiger, bis alle holzigen Stellen entfernt sind. Die Schnittstelle großzügig abschneiden. Beim grünen Spargel verholzten Teil großzügig abschneiden. In einem großen Kochtopf schwach gesalzenes Wasser erhitzen, weißen Spargel 15 bis 20 Minuten bei schwacher Hitze kochen, grünen Spargel 6 bis 8 Minuten bei schwacher Hitze kochen.

2

Eier schälen und fein hacken. Paniermehl in der Butter leicht rösten.

3

Spargel in eine vorgewärmte Schüssel legen, die gehackten Eier sowie die Petersilie auf die Spargelköpfchen verteilen. Das heiße, geröstete Paniermehl über die Stangen verteilen. Sofort servieren.

SPARGEL AUF ITALIENISCHE ART

16 dicke weiße Spargel
16 dicke grüne Spargel
Kräutermeersalz
frisch gemahlener Pfeffer
100 g gehobelter Parmesan
6 EL Olivenöl extra nativ
Sesamsamen

1

Weißen Spargel schälen, die obere Hälfte sparsam, die untere Hälfte großzügiger, bis alle holzigen Stellen entfernt sind. Schnittstelle großzügig abschneiden. Beim grünen Spargel verholzten Teil großzügig abschneiden, den unteren Teil schälen. In einem großen Topf schwach gesalzenes Wasser erhitzen, weißen Spargel zugeben, etwa 12 Minuten bei schwacher Hitze kochen, nun grünen Spargel zugeben, weitere 6 bis 8 Minuten köcheln.

2

Spargel auf vorgewärmten Tellern anrichten, Parmesan darüber streuen. Sesamsamen zum Olivenöl geben, über den Spargel träufeln. Servieren.

Variante

Den Backofen mit starker Oberhitze vorheizen. Die Teller kurz in den Ofen stellen und den Käse schmelzen lassen.

Abbildung

SPARGEL-GEMÜSE-KUCHEN

für eine Form von
28 cm Durchmesser

400 g Blätterteig

4 weiße Spargel
4 grüne Spargel
1 Stück Butter
250 g Gemüse, z. B.
Karotten, Knollensellerie,
Kohlrabi, Lauch

Guss
2 Freilandeier
2 dl/200 ml Rahm/Sahne
Meersalz
frisch gemahlener Pfeffer

1
Weißen Spargel schälen, obere Hälfte sparsam, untere Hälfte großzügiger, bis alle holzigen Stellen entfernt sind. Schnittstelle großzügig abschneiden. Beim grünen Spargel den verholzten Teil großzügig abschneiden. In einem großen Kochtopf schwach gesalzenes Wasser mit der Butter erhitzen, weißen Spargel zugeben, etwa 12 Minuten bei schwacher Hitze kochen, nun grünen Spargel zugeben und weitere 6 bis 8 Minuten köcheln. Unter kaltem Wasser abschrecken, Spargelspitzen abschneiden, den Rest in 1 cm lange Stücke schneiden.
2
Karotten, Knollensellerie und Kohlrabi schälen und in kleine Würfel schneiden. Beim Lauch das äußere Blatt entfernen, die Stange quer in Streifen schneiden. Gemüse im Spargelwasser knackig garen und mit einem Schaumlöffel herausnehmen, unter kaltem Wasser abschrecken.
3
Den Backofen auf 210 °C vorheizen.
4
Den Teig auf Blechgröße ausrollen, in die mit kaltem Wasser ausgespülte Form legen. Das Gemüse und den Spargel auf den Teigboden verteilen. Den Guss darüber gießen.
5
Den Spargel-Gemüse-Kuchen im unteren Drittel in den Backofen schieben, bei 210 °C 30 Minuten backen.

BLAUMOHN-SPARGELPLÄTZCHEN

Kleine Mahlzeit

4 Freilandeier
3 EL Mehl
300 g gekochter Spargel (evtl. vom Vortag)
1 kleine Zwiebel
1 Bund Petersilie
1 Bund Schnittlauch
2 TL Blaumohnsamen
Meersalz
frisch gemahlener Pfeffer
Olivenöl extra nativ

1
Den Spargel in etwa 5 mm dicke Scheiben schneiden. Die Zwiebel fein hacken. Die Petersilie fein hacken, den Schnittlauch fein schneiden.

2
Eier und Mehl in einer Schüssel glatt rühren. Die Spargel, Zwiebeln und Kräuter unterrühren und Blaumohnsamen zugeben, mit Salz und Pfeffer würzen.

3
In einer weiten beschichteten Bratpfanne wenig Olivenöl erwärmen. Die Eier-Spargel-Masse mit einem Schöpflöffel portionieren und in die Pfanne geben, bei mäßiger Hitze Plätzchen braten.

SPARGEL-RICOTTA-CAPPELLETTI

Teig
4 Freilandeier
1 Bund Schnittlauch
400 g Weißmehl/Mehltype 405

Füllung
100 g Ricotta
1 Freilandei
1 EL Balsamico-Essig
50 g geriebener Parmesan
100 g gekochter weißer oder grüner Spargel
Meersalz
frisch gemahlener Pfeffer

1
Die Eier verquirlen. Den Schnittlauch mit heißem Wasser überbrühen, bis er geschmeidig ist, und abtropfen lassen, dann grob zerkleinern und zu den Eiern geben, mit dem Stabmixer kurz pürieren. Das Mehl in eine Schüssel sieben, eine Vertiefung drücken, die Eier hineingießen, das Mehl zuerst mit einer Gabel unter die Eier rühren, dann von Hand zu einem geschmeidigen, zarten Teig kneten. Schüssel mit einem feuchten Küchentuch bedecken, den Teig 30 Minuten oder länger ruhen lassen.

2
Für die Füllung Ricotta, Ei, Balsamico-Essig und Parmesan gut verrühren. Den Spargel klein würfeln, unterrühren, mit Salz und Pfeffer abschmecken.

3
Den Teig in 3 Portionen teilen und jedes Teigstück auf der bemehlten Arbeitsfläche dünn ausrollen, 2 Mal hälftig zusammenfalten, wieder ausrollen. Diesen Vorgang 3 bis 4 Mal wiederholen, bis der Teig hauchdünn, kompakt und nicht zu weich ist. Eine gerade Zahl Rondellen von etwa 5 cm Durchmesser ausstechen. Füllung auf die Hälfte der Rondellen geben und den Teigrand mit Wasser bepinseln, eine zweite Rondelle darauf legen, mit dem Teigrädchen oder einer Gabel andrücken. Die Cappelletti in reichlich Salzwasser etwa 6 Minuten garen.

Cappelletti vorbereiten
Die Cappelletti auf beiden Seiten mit reichlich Mehl bestäuben und mit genügend Abstand auf einem Küchentuch lagern.

SPARGELTOAST MIT GORGONZOLA

1 Bund weißer Spargel
100 g geriebener Parmesan
3 EL flüssige Butter
200 g reifer Gorgonzola
8 Scheiben Toastbrot
1 EL flüssige Butter
Meersalz
frisch gemahlener schwarzer Pfeffer

1
Weißen Spargel schälen, obere Hälfte sparsam, untere Hälfte großzügiger, bis alle holzigen Stellen entfernt sind. Schnittstelle großzügig abschneiden. Spargel über dem Dampf oder im Salzwasser weich garen. Unter kaltem Wasser abschrecken und auf einem Küchentuch trocknen lassen.

2
Parmesan unter die flüssige (nicht heiße) Butter rühren. Gorgonzola in Würfel schneiden, vorsichtig mit der Butter-Parmesan-Mischung vermengen.

3
Bei allen Toastscheiben eine Ecke abschneiden und in kleine Würfel schneiden, mit der Käsemasse vermengen.

4
Den Backofen auf 160 °C vorheizen.

5
Je 2 Toast mit der fehlenden Ecke aneinander stoßend auf ein Blech legen, den Spargel darauf legen und mit flüssiger Butter bepinseln, mit Salz und Pfeffer würzen. Die Käsemasse über den Spargel verteilen.

6
Die Spargeltoasts in der Mitte in den Ofen schieben, bei 160 °C 8 bis 12 Minuten backen.

Variante
Noch raffinierter wird dieses einfache Gericht, wenn man gehackte Baumnuss-/Walnusskerne unter die Käsemasse mischt.

SPARGEL-PICCATA auf Frühlingszwiebeln

für 12 Piccata-Plätzchen

12 weiße Spargel
12 grüne Spargel
1 TL Butter
4 Freilandeier
200 g geriebener Parmesan
Muskatnuss
Weißmehl/Mehltype 405

Olivenöl extra nativ
12 Frühlingszwiebeln
Meersalz
frisch gemahlener Pfeffer
3 EL Balsamico-Essig

1
Weißen Spargel schälen, obere Hälfte sparsam, untere Hälfte großzügiger, bis alle holzigen Stellen entfernt sind. Schnittstelle großzügig abschneiden. Beim grünen Spargel den verholzten Teil großzügig abschneiden. In einem großen Topf schwach gesalzenes Wasser mit der Butter erhitzen, weißen Spargel zugeben, etwa 12 Minuten bei schwacher Hitze kochen, nun grünen Spargel zugeben, weitere 6 bis 8 Minuten köcheln. Unter kaltem Wasser abschrecken, auf einem Küchentuch trocknen lassen.

2
Das Grün bei den Frühlingszwiebeln abschneiden, den Wurzelansatz stehen lassen. Zwiebeln je nach Größe halbieren oder vierteln. In einer Bratpfanne im heißen Olivenöl rundum kurz knackig braten, mit wenig Salz und Pfeffer würzen, mit dem Balsamico-Essig beträufeln, zugedeckt warm stellen.

3
Eier in einer großen Schüssel verquirlen, den Parmesan unterrühren, mit Muskatnuss würzen.

4
Die Spargelstücke quer halbieren und im Mehl wenden.

5
In großer Bratpfanne ein wenig Olivenöl mäßig erhitzen. Einen Esslöffel der Parmesanmischung in die Pfanne geben und zu einem Quadrat in der Länge der Spargelstangen ausstreichen. Sofort je 2 weiße und grüne Spargelstücke in die Käsemasse drücken, braten, vorsichtig wenden und fertig braten. Warm stellen. So fortfahren, bis die Zutaten aufgebraucht sind.

6
Spargel-Piccata mit den Zwiebeln auf vorgewärmten Tellern anrichten, mit dem Zwiebeljus umgießen.

Zwiebelgrün
Einen Teil davon in feine Ringe schneiden und unter die Käsemasse mischen oder zum Würzen von einem Salat verwenden.

WEISSER SPARGEL mit Brennnesseln im Lattich

24 weiße Spargel
2 EL Butter
1 Zwiebel, fein gehackt
50 g junge Brennnesselblätter ohne Stiele
Meersalz
frisch gemahlener Pfeffer
frisch geriebene Muskatnuss
8 möglichst große Lattichblätter
8 kräftige Schnittlauchhalme
2 dl/200 ml Rahm/Sahne
Gemüsebrühe oder Spargelsud

1
Weißen Spargel schälen, obere Hälfte sparsam, untere Hälfte großzügiger, bis alle holzigen Stellen entfernt sind. Schnittstelle großzügig abschneiden. Spargel im Salzwasser knackig garen. Unter kaltem Wasser abschrecken. Auf einem Küchentuch trocknen lassen.

2
In einem weiten Topf Zwiebeln in der Butter andünsten, die Brennnesselblätter mitdünsten, bis sie zusammengefallen sind, und mit dem Stabmixer pürieren, mit Salz, Pfeffer und Muskatnuss würzen.

3
Die Lattichblätter im Spargelkochwasser kurz überwallen, bis diese geschmeidig sind, unter kaltem Wasser abschrecken. Blätter auf die Arbeitsfläche legen. Pro Päckchen je 3 Spargel in 5 bis 6 cm lange Stücke schneiden, abwechselnd mit der Hälfte des Brennnesselpürees (der Rest wird für die Sauce verwendet) zu einem Quadrat in der Mitte des Lattichblatts auftürmen, satt zu einem Päckchen einschlagen und dieses mit einem kurz in heißes Wasser eingetauchten Schnittlauchhalm binden.

4
Den Rahm unter das Brennnesselpüree rühren, Päckchen nebeneinander in den Topf legen und bei schwacher Hitze zugedeckt etwa 8 Minuten gar ziehen lassen.

5
Die Lattichpäckchen auf vorgewärmten Tellern anrichten, mit der Brennnesselsauce umgießen.

Brennnesseln
Zum Pflücken unbedingt Handschuhe tragen.

PAPPARDELLE mit Spargel und Zitronen-Mascarpone

1 Bund grüner Spargel
500 g Pappardelle
(breite Bandnudeln)
150 g Mascarpone
1 unbehandelte Zitrone
Meersalz
frisch gemahlener Pfeffer
2 EL Olivenöl extra nativ

1
Beim grünen Spargel den verholzten Teil großzügig abschneiden. Die Spargel je nach Dicke längs halbieren oder vierteln.

2
Mascarpone herzhaft mit Salz, Pfeffer und abgeriebener Zitronenschale würzen. Eine halbe Zitrone auspressen und den Saft unterrühren.

3
In einem großen Topf reichlich Salzwasser erhitzen. Pappardelle ins Kochwasser (Garzeit gemäß Packungsbeschrieb) geben, grünen Spargel die letzten 5 bis 6 Minuten mitkochen, in ein Sieb abgießen, etwa ½ dl/50 ml Kochwasser auffangen.

4
Mascarpone mit dem Kochwasser glatt rühren. Pappardelle-Spargel-Mischung zugeben, mit der Sauce sorgfältig vermengen, mit Olivenöl abschmecken. In vorgewärmten Tellern anrichten, sofort servieren.

Zitronenaroma
Das Aroma kann noch verstärkt werden, wenn man das Olivenöl durch Zitronenöl ersetzt. Dazu werden Bio-Oliven mit Bio-Zitronen gleichzeitig gepresst.

GRÜNSPARGEL-RISOTTO mit Pilzen

1 Bund grüner Spargel
3 EL Olivenöl extra nativ
1 kleine Zwiebel, fein gehackt
500 g Risottoreis
1½ dl/150 ml Weißwein
1,2 l Gemüsebrühe
2 Bund glattblättrige Petersilie
1 Knoblauchzehe
50 g Butter

Olivenöl extra nativ
200 g Champignons oder Austernpilze
Meersalz
frisch gemahlener Pfeffer
3 EL gehackte Kräuter

Parmesan am Stück

1

Beim grünen Spargel den verholzten Teil großzügig abschneiden. Den Spargel über Dampf etwa 6 Minuten garen, unter kaltem Wasser abschrecken. Dann schräg in 3 bis 4 cm lange Stücke schneiden. Petersilie von den Stielen zupfen, mit wenig Wasser pürieren und die Knoblauchzehe dazu pressen.

2

In einem weiten Kochtopf die Zwiebeln im Olivenöl andünsten, den Reis zugeben, weiterrühren, bis die Reiskörner glasig sind, mit dem Weißwein ablöschen, bei schwacher Hitze unter häufigem Rühren fast vollständig einkochen lassen. Erst jetzt die Gemüsebrühe zugeben, bei schwacher Hitze unter häufigem Rühren etwa 13 Minuten köcheln lassen, bis der Reis al dente ist. Den grünen Spargel unter den Reis rühren, erhitzen und zugedeckt ein paar Minuten stehen lassen, Petersilienpüree und Butter kurz vor dem Servieren unterrühren, erhitzen.

3

Pilze je nach Größe ganz lassen, halbieren oder vierteln, in reichlich Olivenöl kurz braten, mit Salz und Pfeffer würzen. Kräuter unterrühren.

4

Risotto und Pilze auf vorgewärmten Tellern anrichten. Mit Parmesanflocken garnieren.

SPARGEL-PFEFFERKÄSE-TASCHEN

250–300 g Blätterteig
1 Freilandei

½ Bund weißer Spargel
½ Bund grüner Spargel
200 g Pfeffer-Frischkäse
1 Bund Thymian
Meersalz
frisch gemahlener Pfeffer

1
Weißen Spargel schälen, obere Hälfte sparsam, untere Hälfte großzügiger, bis alle holzigen Stellen entfernt sind. Schnittstelle großzügig abschneiden. Beim grünen Spargel den verholzten Teil großzügig abschneiden. In einem großen Topf schwach gesalzenes Wasser mit der Butter erhitzen, weißen Spargel zugeben und etwa 6 Minuten bei schwacher Hitze kochen, nun grünen Spargel zugeben und weitere 4 Minuten köcheln lassen. Unter kaltem Wasser abschrecken. Die Spargel in 1 cm lange Stücke schneiden.

2
Die Thymianblättchen von den Stielen zupfen und zusammen mit den Spargelstücken zum Käse geben, vermengen, mit Salz und Pfeffer abschmecken.

3
Den Backofen auf 200 °C vorheizen.

4
Den Blätterteig zu einem Rechteck von 50 cm x 30 cm ausrollen, in 8 gleich große Rechtecke schneiden. Füllung auf Teigstücke verteilen und genügend Rand frei lassen. Die Teigkanten mit wenig Wasser befeuchten, zusammenklappen (siehe Bild), Kanten mit einem Teigrädchen oder mit einer Gabel festdrücken.

5
Die Teigtaschen auf ein Blech legen, mit dem verquirlten Ei bepinseln. Im vorgeheizten Backofen bei 200 °C 15 Minuten backen.

Mahlzeit
Mit einem bunten Salat servieren.

MAHLZEITEN

MIT FLEISCH ODER FISCH

SPARGEL IM SCHINKEN-REIS-MANTEL

kleine Mahlzeit

8 dicke weiße Spargel
350 g gekochter Risottoreis
2 Scheiben gekochter Schinken
1 Freilandei
1–2 EL Semmelbrösel
1–2 EL Mehl
Meersalz
frisch gemahlener Pfeffer

Mehl
Olivenöl extra nativ

1

Weißen Spargel schälen, obere Hälfte sparsam, untere Hälfte großzügiger, bis alle holzigen Stellen entfernt sind. Schnittstelle großzügig abschneiden. Spargel über dem Dampf oder im Salzwasser knackig garen. Unter kaltem Wasser abschrecken und auf einem Küchentuch trocknen lassen.

2

Den Schinken in möglichst kleine Würfel schneiden und mit dem Reis vermengen. Das verquirlte Ei unterrühren. Nach und nach Semmelbrösel und Mehl unterrühren, bis die Masse kompakt und noch leicht klebrig ist, mit Salz und Pfeffer würzen.

3

Spargel im Mehl wenden, sorgfältig mit der Reismasse ummanteln. In einer nicht klebenden Bratpfanne bei mittlerer Hitze im Olivenöl knusprig braten.

CORDON BLEU MIT SPARGEL und Taleggio

1/2 Bund grüner Spargel (oder gekochter Spargel vom Vortag)
Meersalz
frisch gemahlener Pfeffer
4 Kalbsschnitzel, je 150 g
100 g reifer Taleggio
Mehl
1 Freilandei
Paniermehl oder Semmelbrösel
Olivenöl extra nativ

1
Beim grünen Spargel den verholzten Teil großzügig abschneiden und den Spargel in 1 cm breite Stücke schneiden. Über Dampf oder im Salzwasser etwa 8 Minuten garen, abtropfen lassen, mit dem Stabmixer pürieren. Das Püree mit Salz und Pfeffer würzen. Auskühlen lassen.

2
Den Backofen auf 85 °C vorheizen.

3
Kalbsschnitzel zwischen 2 Backtrennpapieren oder Klarsichtfolien möglichst flach klopfen (mit einem schweren Kochtopf). Die Spargelmasse mit einem genügend großen Rand auf das Fleisch verteilen, Taleggio in dünne Scheiben schneiden und darauf legen, das Schnitzel zusammenklappen und mit 1 bis 2 Zahnstochern verschließen. Die Cordons bleus zuerst im Mehl, dann im verquirlten Ei und zuletzt im Paniermehl wenden. In einer Bratpfanne im Olivenöl goldbraun braten, im Backofen bei 85 °C etwa 5 Minuten ruhen lassen.

Tipp
Für dieses Rezept eignen sich auch Schweinefleisch sowie Truten-/Putenbrust.

POULETBRUST MIT SPARGEL auf Spinat

1 Bund weißer Spargel
4 kleine Poulet-/Hähnchen-brüstchen, je etwa 110 g
150 g junger Spinat
Meersalz
frisch gemahlener Pfeffer

Vinaigrette
1 EL grobkörniger Pfeffer
4 EL weißer Balsamico-Essig
3 EL Olivenöl extra nativ
Meersalz

1 Bund Schnittlauch, fein geschnitten

1

Den weißen Spargel schälen, die obere Hälfte sparsam, die untere Hälfte großzügig, bis alle holzigen Stellen entfernt sind. Schnittstelle großzügig abschneiden. Den Spargel im Salzwasser knackig garen. Unter kaltem Wasser abschrecken, auf einem Küchentuch trocknen lassen.

2

Die Pouletbrüstchen mit Salz und Pfeffer würzen, in wenig Spargelsud bei schwacher Hitze zugedeckt etwa 10 Minuten pochieren.

3

Die Spargelspitzen etwa 5 cm lang abschneiden, den Rest schräg in feine Scheiben schneiden, mit Salz und Pfeffer würzen.

4

Die Spinatblätter waschen und trocken schleudern, dekorativ auf die Teller legen, Spargelscheiben in die Mitte geben und die Spargelspitzen strahlenförmig darauf legen, die leicht abgekühlten Pouletbrüstchen fein aufschneiden und darauf anrichten. Mit der Vinaigrette beträufeln und den Schnittlauchröllchen bestreuen.

Essig

Noch exklusiver wird dieses Gericht, wenn der Balsamico-Essig durch Himbeeressig ersetzt wird.

SPARGEL-LACHS-RAGOUT mit Zitronengras

1 Bund weißer Spargel
1 Bund grüner Spargel
20 g Butter
2 EL Olivenöl extra nativ
1 kleine Zwiebel
1 Zitronengrasstängel
1 TL Mehl
½ dl/50 ml Weißwein
2 dl/200 ml Gemüsebrühe
600 g Lachsfilet
Meersalz
frisch gemahlener Pfeffer

1
Weißen Spargel schälen, obere Hälfte sparsam, untere Hälfte großzügiger, bis alle holzigen Stellen entfernt sind. Schnittstelle großzügig abschneiden. Beim grünen Spargel den verholzten Teil großzügig abschneiden. In einem großen Kochtopf schwach gesalzenes Wasser mit der Butter erhitzen, weißen Spargel zugeben, etwa 12 Minuten bei schwacher Hitze kochen, nun grünen Spargel zugeben und weitere 6 bis 8 Minuten köcheln lassen. Unter kaltem Wasser abschrecken, schräg in 5 bis 7 cm lange Stücke schneiden.

2
Zwiebel fein hacken. Zitronengras in Streifchen (Juliennes) schneiden. Zwiebeln und Zitronengras im Olivenöl andünsten, Spargelstücke zugeben, das Mehl darüber stäuben und gut mischen. Den Weißwein zugeben, einköcheln lassen, die Gemüsebrühe zugeben und etwa 5 Minuten zugedeckt köcheln lassen. Das Lachsfilet in große Würfel schneiden, mit Salz und Pfeffer würzen, zum Spargel geben, vorsichtig vermengen. Auf der ausgeschalteten Wärmequelle zugedeckt 3 bis 4 Minuten stehen lassen.

Mahlzeit
Auf einer Mischung aus Wild- und Langkornreis servieren.

Lachs
Er zählt zu den Fischen, die im Innern noch leicht glasig sein dürfen. Je länger der Lachs gekocht wird, desto trockener wird er und desto leichter zerfällt er. Das wäre sehr schade um den guten Fisch!

SAIBLING AUF SPARGEL-Gurken-Gemüse

1 Bund weißer Spargel
2 EL Butter
1 kleine Zwiebel
½ TL Weißmehl/Mehltype 405
½ dl/50 ml Weißwein
600 g Saiblingsfilets mit Haut
1 Bund frischer Dill
1 unbehandelte Zitrone, in feinen Scheiben
1½ dl/150 ml Spargelsud oder Gemüsebrühe
1 Salatgurke
Meersalz
frisch gemahlener Pfeffer

1
Weißen Spargel schälen, obere Hälfte sparsam, untere Hälfte großzügiger, bis alle holzigen Stellen entfernt sind. Schnittstelle großzügig abschneiden. Den Spargel über Dampf oder im Salzwasser knackig garen. Unter kaltem Wasser abschrecken. Schräg in etwa 6 cm lange Stücke schneiden.

2
Gurke längs halbieren, die Hälften in 2 mm dicke Scheiben schneiden.

3
Die Zwiebel schälen und in möglichst feine Spalten schneiden, in der Butter andünsten, den Spargel zufügen, das Mehl darüber stäuben, vorsichtig vermengen, mit dem Weißwein ablöschen, einköcheln lassen. Spargelsud oder Gemüsebrühe zufügen. Den Saibling auf der hautlosen Seite mit Salz und Pfeffer würzen und mit Dillzweiglein und Zitronenscheiben belegen, auf den Spargel legen, bei schwacher Hitze zugedeckt 3 Minuten dünsten. Fischfilets warm stellen. Restlichen Dill fein hacken, mit Gurkenscheiben und restlichen Zitronenscheiben unter den Spargel mischen, mit Salz und Pfeffer würzen. Fischfilets auf das Gemüse legen und nochmals 3 Minuten zugedeckt ziehen lassen.

Variante
Auch Lachsforelle, Felchen und Egli eignen sich für diese Zubereitung.

POULETBRÜSTCHEN mit Spargel-Kräuter-Füllung

1 Bund grüner Spargel
150 g Ricotta
1 Bund Schnittlauch
1 Bund glattblättrige Petersilie
1 EL Rosmarinnadeln
1 EL Oreganoblättchen
Meersalz
frisch gemahlener Pfeffer
4 Poulet-/Hähnchenbrüstchen, je 150 g
Weißmehl/Mehltype 405
2 Freilandeier
Olivenöl extra nativ

Kräuter für die Garnitur

1

Beim grünen Spargel den verholzten Teil großzügig abschneiden. Den Spargel über Dampf oder im Salzwasser etwa 8 Minuten garen, unter kaltem Wasser abschrecken. Den Spargel halbieren, die hintere Hälfte in Würfelchen (Brunoise) schneiden.

2

Den Schnittlauch in feine Röllchen schneiden. Die Petersilie von den Stielen zupfen und zusammen mit den Rosmarinnadeln und den Oreganoblättchen fein hacken.

3

Ricotta, Spargelwürfelchen und die Hälfte der Kräuter vermengen, mit Salz und Pfeffer abschmecken.

4

Den Backofen auf 90 °C vorheizen.

5

Mit einem spitzen Messer eine Öffnung/Tasche in die Pouletbrüstchen schneiden. Ricottafüllung mit einem kleinen Löffel oder mit einem Spritzbeutel einfüllen, Öffnung mit einem Zahnstocher verschließen. Eier in einem Suppenteller verquirlen und restliche Kräuter unterrühren. Gefüllte Pouletbrüstchen zuerst im Mehl, dann im verquirlten Kräuterei wenden, in einer Bratpfanne bei mittlerer Hitze rundum anbraten, auf einen Teller legen und im vorgeheizten Ofen bei 90 °C 8 Minuten garziehen lassen.

6

Spargelspitzen in der Fleischpfanne schwenken/erhitzen, mit den aufgeschnittenen Pouletbrüstchen auf vorgewärmten Tellern anrichten. Mit einem Kräutersträußchen garnieren.

SPARGEL-FELCHEN-RÖLLCHEN mit Kresse

1 EL Olivenöl extra nativ
1 EL Butter
1 kleine Zwiebel, fein gehackt

½ Bund weißer Spargel
½ Bund grüner Spargel
600 g Felchenfilets mit Haut
100 g Gartenkresse
½ dl/50 ml Weißwein
1 dl/100 ml Fischfond oder
1 dl/100 ml Spargelsud
2 dl/200 ml Rahm/Sahne
Meersalz
frisch gemahlener Pfeffer

1

Weißen Spargel schälen, obere Hälfte sparsam, untere Hälfte großzügiger, bis alle holzigen Stellen entfernt sind. Schnittstelle großzügig abschneiden. Beim grünen Spargel den verholzten Teil großzügig abschneiden. In einem großen Kochtopf schwach gesalzenes Wasser mit der Butter erhitzen, weißen Spargel zugeben, etwa 12 Minuten bei schwacher Hitze kochen, nun grünen Spargel zugeben und weitere 6 bis 8 Minuten köcheln lassen. Unter kaltem Wasser abschrecken. Spargel in 6 cm lange Stücke schneiden, die dicken Exemplare längs halbieren.

2

Felchenfilets mit der Hautseite nach oben auf Arbeitsfläche legen, mit Salz und wenig Pfeffer würzen. Hälfte der Kresse auf die Fischfilets verteilen, Spargel bündeln und quer auf die Fischfilets legen (siehe Bild). Die Filets vom Kopf- zum Schwanzende hin satt aufrollen, mit einem Zahnstocher fixieren. Fertige Röllchen nochmals leicht würzen.

3

Zwiebel in der Mischung aus Olivenöl und Butter andünsten. Felchenröllchen hineinlegen, mit dem Weißwein ablöschen, die Flüssigkeit verdampfen lassen. Den Fischfond oder den Spargelsud angießen, bei leicht geöffnetem Deckel während etwa 5 Minuten garen. Röllchen nach halber Garzeit vorsichtig wenden. Fischröllchen aus der Pfanne nehmen und warm stellen.

4

Rahm in die Pfanne geben, aufkochen, bei schwacher Hitze auf die richtige Konsistenz einköcheln lassen. Zum Schluss die restliche Kresse unter die Sauce rühren, mit Salz und Pfeffer abschmecken.

5

Fischröllchen auf vorgewärmten Tellern anrichten, mit Sauce umgießen.

TRUTEN-SPARGEL-INVOLTINI

12 dicke weiße Spargel
200 g Ricotta
4 EL Bärlauchpesto
600 g dünne Truthahn-brust-/Putenschnitzel
Meersalz
frisch gemahlener Pfeffer
Olivenöl extra nativ

1

Weißen Spargel schälen, obere Hälfte sparsam, untere Hälfte großzügiger, bis alle holzigen Stellen entfernt sind. Schnittstelle großzügig abschneiden. Den Spargel über Dampf oder im Salzwasser knackig garen. Unter kaltem Wasser abschrecken und auf einem Küchentuch trocknen lassen.

2

Ricotta und Bärlauchpesto mischen, mit Salz und Pfeffer abschmecken.

3

Trutenschnitzel zwischen zwei Lagen Backtrennpapier flach klopfen, z. B. mit einem Kochtopfboden. Aus den Schnitzeln 12 gleichmäßige Streifen schneiden, die Bärlauchfüllung darauf ausstreichen. Fleischstreifen, Füllung nach innen, nicht allzu satt um den Spargel wickeln, Enden mit einem halbierten Zahnstocher fixieren.

4

Trutenbrust-Spargel-Involtini im Olivenöl ringsum goldbraun braten.

Mahlzeit

Mit einem Risotto oder neuen Bratkartoffeln servieren.

Bärlauchpesto

Je ½ dl/50 ml Sonnenblumen- und Olivenöl mischen, etwa 30 junge Bärlauchblätter nach und nach zugeben und mit dem Stabmixer pürieren. So viel geriebenen Parmesan unterrühren, bis der Pesto die gewünschte Konsistenz hat, und mit Salz und Pfeffer abschmecken. Nach Belieben geröstete Pinienkerne zum Pesto geben.

SPARGEL-SCHINKEN-ROLLEN

24 weiße Spargel
8 Scheiben Schinken
2 EL grobkörniger Senf

Sauce
1 EL Butter
1 Frühlingszwiebel mit Grün
1 EL Weißmehl
1½ dl/150 ml Spargelsud
2 dl/200 ml Rahm/Sahne
Meersalz
frisch gemahlener Pfeffer

geriebener Parmesan

1
Weißen Spargel schälen, die obere Hälfte sparsam, die untere Hälfte großzügiger, bis alle holzigen Stellen entfernt sind. Die Schnittstelle großzügig abschneiden. Die Spargel im Salzwasser knackig garen. Unter kaltem Wasser abschrecken. Die Spargelspitzen auf 12 cm Länge schneiden und den restlichen Spargel in kleine Würfel schneiden.

2
Den Schinken auf einer Seite mit Senf bestreichen, je 3 Spargel darauf legen und einwickeln, in eine eingefettete Gratinform legen.

3
Den Backofen auf 200 °C vorheizen.

4
Frühlingszwiebel fein hacken, die Röhrchen in feine Ringe schneiden, in der Butter andünsten, das Mehl unterrühren, Spargelsud und Rahm zugeben, glatt rühren, aufkochen, unter ständigem Rühren köcheln, bis die Sauce bindet, Spargelwürfelchen zugeben, mit Salz und Pfeffer abschmecken. Über die Spargel-Schinken-Rollen gießen. Mit dem Parmesan bestreuen.

5
Gratinform in der Mitte in den Ofen schieben, die Spargel-Schinken-Rollen bei 200 °C 10 bis 15 Minuten überbacken.

Mahlzeit
Mit Trockenreis oder neuen Bratkartoffeln servieren.

FISCHFILETS auf Spargel, mit Haselnuss-Zitronenpesto

Pesto
1 dl/100 ml Olivenöl extra nativ
80 g geriebene Haselnüsse
1 Bund Petersilie
1 unbehandelte Zitrone
Meersalz

½ Bund weißer Spargel
½ Bund grüner Spargel
Meersalz
1 EL Butter
600 g Süßwasserfischfilets, z. B. Egli, Felchen, Zander
Meersalz
frisch gemahlener Pfeffer
Weißmehl
2 EL Butter
2 EL Olivenöl extra nativ

1
Die Haselnüsse mit dem Olivenöl mischen, in einer beschichteten Bratpfanne bei schwacher Hitze langsam hellbraun rösten, dann sofort auf einen flachen Teller verteilen, um den Röstvorgang zu stoppen. Zitronenschale dazureiben, den Saft einer halben Zitrone dazupressen, Die Petersilie fein hacken und untermischen, mit Salz abschmecken.

2
Weißen Spargel schälen, obere Hälfte sparsam, untere Hälfte großzügiger, bis alle holzigen Stellen entfernt sind. Schnittstelle großzügig abschneiden. Beim grünen Spargel den verholzten Teil großzügig abschneiden. In einem großen Kochtopf schwach gesalzenes Wasser mit der Butter erhitzen, weißen Spargel zugeben, etwa 12 Minuten bei schwacher Hitze kochen, nun grünen Spargel zugeben und weitere 6 bis 8 Minuten köcheln. Unter kaltem Wasser abschrecken und auf einem Küchentuch trocknen lassen. Schräg in 5 bis 7 cm lange Stücke schneiden.

3
Die Fischfilets trocken tupfen, mit Salz und Pfeffer würzen, im Mehl wenden, überschüssiges Mehl abklopfen. Butter und Olivenöl in weiter Bratpfanne nicht zu stark erhitzen, die Fischfilets auf beiden Seiten bei mittlerer Hitze goldgelb braten. Warm stellen.

4
Die Spargelstücke in der Bratpfanne erwärmen, auf vorgewärmten Tellern anrichten. Die Fischfilets dazulegen, mit dem Pesto beträufeln.

Mahlzeit
Dazu im Dampf gegarte Kartoffeln servieren.

KALBSLEBER MIT SPARGEL und Rucola

1 Bund weißer Spargel
3 EL Olivenöl extra nativ
1 kleine Zwiebel, fein gehackt
600 g Kalbsleber, in Streifen
100 g Rucola, Blättchen abgezupft und grob gehackt
3 EL Balsamico-Essig
Meersalz
frisch gemahlener Pfeffer

1
Weißen Spargel schälen, obere Hälfte sparsam, untere Hälfte großzügiger, bis alle holzigen Stellen entfernt sind. Schnittstelle großzügig abschneiden. Den Spargel über Dampf oder im Salzwasser knackig garen, in 3 cm lange Stücke schneiden. Warm stellen.

2
Zwiebeln in einer weiten Bratpfanne im Olivenöl andünsten, die Kalbsleber zufügen, scharf anbraten. Sobald die Leberstreifen rundum etwas Farbe angenommen haben, grob gehackte Rucola und die Spargelstückchen untermischen, mit Balsamico-Essig abschmecken, mit Salz und Pfeffer würzen. Sofort servieren.

Mahlzeit
Mit einer knusprigen Rösti servieren.

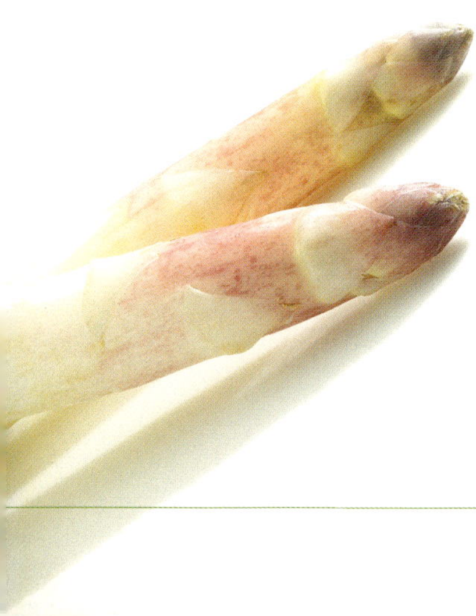

Register